我们一起解决问题

让孩子主动高效写作业

祁子凯◎著

人民邮电出版社

北　京

图书在版编目（CIP）数据

让孩子主动高效写作业 / 祁子凯著. -- 北京：人民邮电出版社，2025. -- ISBN 978-7-115-65659-9

Ⅰ．G622.46

中国国家版本馆 CIP 数据核字第 2024FW1891 号

内 容 提 要

很多学生在写作业时存在这样一些现象：随手拿出一本习题册，碰上哪本就写哪本，缺少规划；不复习就先写作业，记不住课堂知识点，作业效率低；不了解各学科特点，不能区别对待不同学科的知识内容，用同样的方式写不同学科的作业；写作业时注意力不集中，审题速度慢，答题出错多，容易走神。如果你的孩子也这样，就说明孩子的作业习惯出现了问题。

本书作者曾在班级排名倒数，正是因为改变了作业习惯、优化了作业方法，一跃进入班级前三名，并且考入 985 院校。作者总结了自己的学习经验和作业习惯，从不专注、效率低、不了解学科特点和审题速度慢四个方面提供了具体的解决方案，手把手教学生们掌握写作业的科学方法，帮助他们开启新学期的逆袭之旅。

本书通俗易懂，理论与习题相结合，内容落地，非常适合想提高学习成绩的学生及家长阅读。

◆ 著　祁子凯

责任编辑　刘　盈

责任印制　彭志环

◆ 人民邮电出版社出版发行　　北京市丰台区成寿寺路 11 号

邮编 100164　电子邮件 315@ptpress.com.cn

网址 https://www.ptpress.com.cn

北京市艺辉印刷有限公司印刷

◆ 开本：880×1230　1/32

印张：5.75　　　　　　　　　　2025 年 1 月第 1 版

字数：100 千字　　　　　　　　2025 年 1 月北京第 1 次印刷

定　价：49.00 元

读者服务热线：（010）81055656　印装质量热线：（010）81055316

反盗版热线：（010）81055315

广告经营许可证：京东市监广登字 20170147 号

前言

　　我是想帮助更多同学轻松学习、迅速涨分的九三学长，这是我的第四本书。在我陆续完成了《如何成为学习高手》《成为学霸》《正确学习》三本书之后，我一度认为自己已经没有太多学习干货可以和大家分享了。原因很简单，《正确学习》是写给小学生及父母们的书，《成为学霸》是写给初中生和高中生、让他们学习开窍的书，《如何成为学习高手》是帮助大学生提高自学能力的书。这三本书基本上把一个学生从小学到大学各个阶段的学习问题都讲全了。

　　那么，为什么我又来写这第四本书呢？因为我突然意识到一个问题，很多学生提高成绩都是通过微小习惯的改变来实现的。与之相对应，很多学生的学习问题也不应该通过一个大而全的学习方案来解决，而是需要先改变学习过程中的微小习惯，如我们这本书聚焦的问题——如何高效写作业。

　　我在以前的书里曾经提到一个叫飞轮效应的学习模型（如图

1 所示）。这个模型的切入点就是不同的写作业方式。很多学生一直以来都是"应付式写作业"，他们不清楚写作业的目的，每天只是机械地应付老师。就像图 1 中左边这张图一样，学生每天放学回家之后不复习就开始写作业。因为没理解当天所学的知识点，所以写作业的速度特别慢；因为写作业效率低，所以每天晚上除了写作业根本没有时间进行复习。更糟糕的是，因为晚上熬夜写作业，第二天上课的效率就会特别差，这样会导致晚上写作业的速度更慢。就这样，很多学生直到高考结束，都处在这个写作业的恶性循环里。

图 1　写作业的恶性循环与飞轮效应对比

正确的写作业方式是什么样的呢？我在图 1 中右边的图里写了飞轮效应。学生每天放学到家后不着急先写作业，而是复习当天所学的知识点。因为复习了，所以写作业的速度会更快。可能以前要用 4 小时才能写完作业，但现在先花 2 小时复习，剩余 2 小时仍然可以更高效地完成作业。同样的 4 小时，以前只能把作业赶完，现在却可以复习一遍知识点，再通过作业巩固一遍。每天写作业的速度提高了，慢慢地，晚上甚至可以留出时间预习第二天上课的内容。又因为预习了，所以第二天上课的效率更高。最后，因为听课更认真，又会使晚上复习和写作业的速度变得更快。这就像一个越转越快的飞轮，学习效率会变得越来越高。

在很多次的线下分享中，我都会用这两张图向大家说明，所谓的"逆袭"不是给自己"打鸡血"或是突然获得一个"武功秘籍"，而是通过改变一个个微小的学习习惯，开启了一个越转越快的飞轮。当然也会有同学问我："学长，你这个理论听起来挺好的，但我根本没有时间操作啊，我每天晚上连写作业的时间都不够！"

如果你在遇到一个更好的方法时，你的第一反应是"我根本做不到"，那么你就失去了一次彻底改变自己的机会。很多同学根本没有尝试就直接给自己一个否定的答案，这正是一种逃避困难的畏惧心理。之所以这么说，并不是因为我自信地认为我说的都是对的，而是我讲的几乎所有的学习方法都是自己当年在逆袭的过程中用过的。如"先复习再写作业"，就是帮助我只用两个月就从班级倒数第十名逆袭到班级前三名的方法。所以，你在阅读我这本书的过程中，无论遇到了你多么不相信的方法，都请答应我先尝试一下，尝试后再给自己一个答案。

很多同学并没有意识到，写作业会占据我们学习过程中的多少时间。在我们一天的学习过程中，除了上课听讲，最花时间的就是写作业。与上课不同的是，上课时我们必须跟着老师的节奏走，所以上课的效率很大程度上取决于老师。但写作业不一样，这是一个完全由我们自己掌控的学习过程，所以不同同学写作业的效率是有很大差别的。如果你真的想成为成绩优异的学生，那么从改变写作业习惯入手，是一个性价比最高的方式！在这本书里我会从写作业的各个方面入手，手把手教给你高效写作业的方法。另外，你很多的学习问题都可以通过优化写作业的方式来改进。

这本书的切入点是教会你如何高效写作业，但我相信这本书能帮助到你的不只是如何写作业。我会在书里通过心理学、教育学等多个领域的专业知识，为你提供如何提高专注力、如何提高记忆力、如何有效审题做题、如何避免马虎等各个方面的学习干货。

最后，祝所有同学都可以轻松学习、金榜题名！

目录

第3章

这样写作业，一天变 48 小时

第 4 章

不同学科作业提效秘籍

第 5 章

快速读题和高效审题

第 6 章

7 天养成高效写作业习惯

写好作业才是

学好

各门功课的关键

第一章

不会写作业怎么能提高成绩

学生写作业的目的到底是什么呢？

我曾问过很多学生这个问题，有人说写作业是为了应付老师的检查，有人说写作业是因为爸妈要求我写作业，还有人说写作业是因为其他同学都在写作业。

这是一个很有趣的现象，很多学生并没有认真思考过这个问题。写作业就好像某件约定俗成的事情，大家都知道要做，但很少有人想过为什么要做。如果在做一件事情前，我们从来没有想过做它的目的，我们就不可能把这件事情做好。

写作业占据了一个学生一天中几乎一半的学习时间，没有掌握正确的写作业方式会让很多学生的学习效率低下，甚至怀疑自己根本不是学习的"料"。要想改变这种情况，第一步就是改变写作业的方式和方法。

很多学生是这样的：白天上了一天的课，接收了很多新知识，但是能记住的知识点并不多。好不容易记住的知识点也会因为没有深入理解内核，导致他们在做题时不会应用。此时，作业就成了衔接课堂知识与习题应用的重要一环。

不知道为什么写作业、不会高效写作业这两个问题也曾困住过我。作为一个山东考生，我曾在班级排名倒数第十名（我们班当时有 70 多个学生）。然而，在短短两个月的时间里，我就实现了一次华丽转身，一跃进入班级前三名，最终以高考 659 分的成绩迈入了 985 高校的大门。这一转变的起点就是我彻底改变了自己的作业习惯。

在具体展开我当时做了什么之前，先提出一个至关重要的问题——你觉得每天放学回家后，最先做的事情应该是什么？

曾经的我和现在很多学生一样，到家后就开始写作业，生怕写不完作业第二天被老师批评。这种习惯保持了一段时间后，我发现了一个非常关键的问题，我只是把作业写完了，但是既没记住也不会应用知识点。

于是，我做了一个很简单的调整，每天晚上回家后先复习当天学到的知识再写作业。

是的，就这么简单。当我每天放学回家后先复习当天所学知识再动笔时，我发现写作业的效率变得高多了。背后的道理很简单，因为我复习了学到的知识点，做题时就不用再反复翻书了，我也能快速使用新学的公式或定理来解题了。

接下来，更有趣的事情发生了。以前的我每天晚上要用几小时低效率地赶作业。现在的我先花一两小时复习再写作业，时间也是绰绰有余的，因为我写作业的速度提升了。更重要的是，因为我先复习再写作业，所以我用以前赶作业的时间完成了两次复习，一次是复习书本上的知识，另一次是通过写作业的方式来复习。

千万不要小看这个小小的改变给我的学习带来的翻天覆地的变化，它就像蝴蝶效应里那只扇动了翅膀的蝴蝶一样，提升了我写作业的效率和记忆效率，加快了我对知识点的理解速度。

先复习再写作业只是一个很小的改变，对我的学习效率带来的影响却是巨大的。这就是我写这本书的根本目的，通过提供一个又一个小小的改变，帮学生在少刷题、少熬夜的前提下提高学习效率。

千万别再这样写作业了

表 1-1 中的这些现象是你写作业的样子吗？如果有，请在"自评"框内写"1"；如果没有，则写"0"。

表 1-1　写作业的现象

问题	现象	自评
不专注	写作业的环境非常混乱	
	写作业时容易走神，会想各种与写作业无关的事情	
效率低	觉得写作业没意思	
	写作业时想起什么就写什么，没有计划	
	写作业时频繁离开书桌	
	经常熬夜写作业	
不了解学科特点	用同样的方式写各科作业	
	不知道不同学科的学习重点	
	不知道不同学科的学习方法	
审题速度慢	写作业时审题速度很慢	
	存在阅读困难，要读几遍才能看懂题目	
	写作业时很容易出错	
总计		

　　汇总一下你的得分，如果总分在 6~12 分，就说明你在写作业方面存在的问题很大，请仔细阅读本书的每一个章节；如果总分在 3~5 分，就说明你现在写作业的习惯比较好，可以到本书的具体章节查看自己存在的问题；如果总分在 0~2 分，就说明你写作业的习惯非常好，可以先看一下本书目录，阅读你感兴趣的章节。

　　在我调研了很多学生写作业的实际情况后，我发现不专注、效率低、不了解学科特点和审题速度慢是四个最高频的问题。所以在下面的章节里，我将基于这四个常见问题提供具体的解决方案。

第 2 章

专注力像肌肉

一样

是可以锻炼的

成绩好的学生不一定最聪明，
但一定最专注

要想成为成绩好的学生，你不一定要多聪明，而要比大多数同学更加专注。我在读书时真不是一个聪明的学生，相比于班里大多数同学，我背东西更慢，对理科知识点的理解速度也很慢。但这并不影响我能够从山东考到 985 院校读本科，甚至去清华大学读研究生。

和大多数同学相比，我有一个比较强的能力就是在学习时能够做到足够专注。倒也不是说我能够连续学习几小时不觉得累，而是我能够在几十分钟的学习时间里做到心无旁骛。

以一个简单的数学运算为例。比我聪明的同学 5 分钟可以记住 5 个知识点，但因为他在 1 小时的学习时间里只能专注 10 分钟，那么他 1 小时只能够记住 10 个知识点。虽然我 5 分钟只能记住 1 个知识点，但我可以专注地学习 1 小时，那么我在 1 小时的学习时间里就可以记住 12 个知识点。这样对比，我的学习效果反而更好。

即使很多孩子没有那么聪明，只要他们足够专注，也可以超越那些天资聪颖的同学。当孩子可以专注地学习一段时间后，我们就会发现他的大脑在不断升级，会变得越来越聪明。不瞒你说，30 岁的我就感觉比以前的自己要聪明很多。但这需要我们合理地训练大脑，让大脑变得越来越灵活。

如果孩子现在写作业时不够专注也不必太担心，因为专注力就像肌肉一样，是可以通过锻炼来不断提升的。

在人的大脑中，决定专注力的是大脑前半部分的前额叶灰质。我们可以把前额叶灰质想象成脑袋里一群会魔法的"小精灵"。当孩子需要集中注意力写作业或玩一个需要专注的游戏时，这些"小精灵"就会忙碌起来，帮助他们集中注意力。"小精灵"会把不需要的信息挡在外面，孩子就不会因为周围的噪声或玩具干扰而分心了。

除此之外，这些"小精灵"还会帮孩子解决问题。当孩子遇到难题时，它们会给出提示，让孩子想到不同的解决方法。不仅如此，当孩子遇到困难时，它们还能帮忙控制情绪，冷静地寻找解决办法。

如果我们经常训练这些"小精灵"，参与一些需要集中注意力的活动，它们就会变得越来越强大。这就像锻炼身体让自己变得更结实一样，大脑也会变得更擅长集中注意力。

锻炼专注力的方法

如果把专注力想象成自己的一块肌肉，那么怎样锻炼这块肌肉让它越来越有力量呢？

不要过度损耗这块肌肉！我相信你肯定有过这种体验，如果在体育课上跑了 1000 米，第二天你的腿部肌肉一定会发酸发胀，甚至走路都有点跟跟跄跄的。专注力和腿部肌肉一样，要想让它在学习的每一天都保持高效运作，最重要的是不要过度消耗专注力。

下面是几种锻炼专注力的方法，孩子可以在学习之余练习一下。

舒尔特方格

舒尔特方格（Schulte Table）是一种训练注意力和提高专注力的工具，通常由一个 5×5 的方格组成，每个小格子内随机填入 1 至 25 的数字。其主要目的是帮助提升视觉注意力和信息处理速度，被广泛应用于教育训练特别是注意力训练中。

舒尔特方格是一种简单但非常有效的注意力训练工具，特别适合小学生。通过每日短时间、规律性的训练，可以显著提升学生的视觉注意力、认知速度和抗干扰能力。

制作舒尔特方格

材料：

1. 一张白纸或可以反复使用的白板；

2. 一支笔（如白板笔）；

3. 一个 5×5 方格模板（可以在网上下载或自行绘制）。

步骤：

1. 在白纸或白板上绘制一个 5×5 的方格；

2. 在每个方格内随机填入 1 至 25 的数字，确保无重复（如图 2-1 所示）。

7	22	18	4	11
1	10	23	14	19
8	15	2	25	9
13	12	24	6	16
3	21	17	5	20

图 2-1　舒尔特方格

所需工具

1.舒尔特方格。

2.计时器。使用秒表或手机上的计时功能。

步骤一：规则解释

从方格中的数字 1 开始，依次找到下一个数字并指认出来，直到找出最大的数字 25。要尽量快速而准确地完成任务。

步骤二：初步练习

在正式开始前，可以用 1~2 分钟熟悉方格中的数字位置。

步骤三：正式训练

1.启动计时器。正式开始训练时，倒计时开始或启动秒表。

2.找到并指出数字。从 1 开始，依次寻找并指认下一个数字，直至完成。

3.记录时间。找到最大的数字 25 时，停止计时并记录所用时间。

步骤四：反复训练

每天练习 1~2 次，每次持续 5~10 分钟，根据注意力和耐心程度调整训练频率与时长。持之以恒地重复练习是提升效果的关键。

写数字训练

如果孩子在做数学题时经常出现马虎错误，下面这个方法特别适用于提高他的数字专注力。写数字训练是一种简单却极为有效的专注力提升方法（如图2-2所示）。从0开始依次写数字，如0、1、2、3。这个简单的方法不仅能增强孩子的数字认知，还能提高他的专注力和持久力。

图 2-2　写数字训练

所需材料

1. 练习本：一个带有适当间距的方格练习本，方便准确书写。

2. 中性笔或铅笔：适合握持和书写的笔。

3. 计时器：秒表或具备计时功能的手机。

环境准备

安静的环境：确保在一个安静、干扰少的环境中进行训练，以保证注意力集中。

步骤一：规则解释

从 0 开始，按照顺序连续向后写数字，尽可能多地写，但要保持书写的清晰和工整。

步骤二：设置目标

设定一个具体的目标，如初始阶段可以设定写到 50 或 100，后续持续提高。

步骤三：开始训练

1. 启动计时器。在开始前，可以设定一个时间限制（如 5 分钟或 10 分钟），用计时器记录书写时间。

2. 开始写。从 0 开始，依次向后写数字，尽量在设定的时间内写尽可能多的数字。

步骤四：检查和反馈

训练结束后，检查所写的数字，关注错误率和书写的工整度。同时，记录下完成的数字总量，并与之前的记录进行对比。

步骤五：重复练习

每天进行 1~2 次书写训练，每次持续 5~10 分钟。以后逐步增加书写时间和目标数字。

待办事项清单

使用 To-do List（待办事项清单）也是一种能够帮助孩子提高专注力的方法。想象一下，如果你在操场跑步，并不知道自己要跑多久，也没有设定终点，你是不是跑了一会儿就会觉得无聊。如果你在参加学校运动会的 400 米比赛，你能够清晰地看到比赛的终点，你是不是就会更加专注？ To-do List 就像写作业和学习过程中的终点，能够帮助孩子清楚地看到学习的目标和计划。

To-do List 可以帮助孩子更好地将注意力集中在当前任务上，而不被其他事情干扰。

+ 减少分心：有了明确的任务列表，孩子就可以在完成一项任务前不考虑其他事情。
+ 提高专注力：完成每项任务时，注意力都可以逐步得到提升，培养持续专注的能力。

To-do List 实践示例

以下是一个简单的 To-do List 示例，可以帮助孩子规划晚上写作业的时间。

晚上作业时间—— 一起完成任务大冒险！

时间

- 晚上 7:00—9:00

任务清单

1. 数学任务：完成第 34 页的练习题（15 分钟）。

2. 英语任务：抄写新单词并用每个单词造句（20 分钟）。

3. 语文任务：阅读课文并完成课后题（25 分钟）。

4. 科学任务：完成实验报告（30 分钟）。

5. 课外阅读任务：读 10 页《哈利·波特》（20 分钟）。

任务冒险地图

7:00—7:15

1. 数学任务（15 分钟）

- **任务**：翻开第 34 页，完成所有练习题。

- **目标**：答案正确！

- **打钩**：完成后记得打个钩，奖励自己一个大大的笑脸。

7:15—7:35

2. 英语任务（20 分钟）

- **任务**：抄写新单词，再用每个单词造句。

- **目标**：记住新单词，句子流畅！

- **打钩**：完成后打个钩，给自己鼓掌。

7:35—7:45

休息时间（10分钟）

- **活动**：吃点水果，喝点水，放松眼睛，活动身体！

7:45—8:10

3. 语文任务（25分钟）

- **任务**：阅读课文，完成课后题。

- **目标**：读懂课文，回答正确！

- **打钩**：完成后打个钩，做个胜利的手势。

8:10—8:15

短休息（5分钟）

- **活动**：做几次深呼吸，伸个懒腰，活力满满！

8:15—8:45

4. 科学任务（30分钟）

- **任务**：完成实验报告，条理清晰。

- **目标**：实验报告全部完成！

- **打钩**：完成后打个钩，给自己点个赞。

8:45—8:50

短休息（5分钟）

- **活动**：喝点水，放松一下，准备迎接阅读时间。

8:50—9:10

5. 课外阅读任务（20 分钟）

- **任务**：阅读《哈利·波特》第 5 章的 10 页内容。
- **目标**：享受故事中的魔法世界！
- **打钩**：完成后打个钩，沉浸在魔法世界里。

总结与反馈时间

9:10—9:15

- **任务总结**：家长和孩子一起看一下今天的任务清单，对照着看看是不是都完成了！
- **反馈与鼓励**：家长要表扬孩子的努力和进步，可以给孩子一个大大的拥抱作为奖励！
- **反思与调整**：如果没有完成哪个任务，家长就要和孩子一起分析原因，看看明天如何调整任务安排。

番茄工作法

番茄工作法是我特别喜欢使用的一种方法（如图 2-3 所示）。比起强迫自己写一两小时的作业，番茄工作法能帮助我把学习时间分成一个个 25 分钟的"小番茄"。每完成一个"小番茄"，我就能休息一下，感觉超棒！一方面，它能提高我的专注力，只要集中精力 25 分钟就能很好地完成任务；另一方面，它能通过有规律的休息，使我保持体力充沛，不会太疲劳。

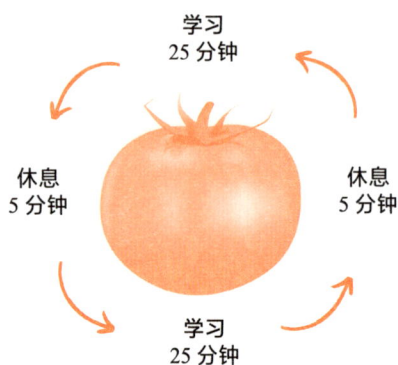

图 2-3　番茄工作法

番茄工作法的步骤

1. 选择任务

✦ 想一想今天要做什么事情，如写数学作业或读一本童话书。

2. 设置计时器

✦ 拿出计时器或用手机设置 25 分钟。

3. 专注工作

✦ 计时开始了，认真完成任务吧！

4. 短暂休息

✦ 铃声响起就说明孩子完成了一个"番茄"！现在，孩子可以休息 5 分钟，去喝口水、做几个小跳跃吧！

5. 重复循环

✦ 休息结束后，继续完成下一个 25 分钟的"番茄"任务。每完成 4 个"番茄"（也就是学习 100 分钟）就可以休息 15 到 30 分钟哦！

好学生必备的 3 个高效文具

除了通过高效的学习方法提高专注力，有效的工具也可以帮助孩子在写作业时更加专注。我硕士毕业后一直从事与教育相关的工作，也创立了自己的文具品牌。下面介绍几个我设计的可以帮助孩子提高专注力的工具。

四色记忆笔

我一直把四色记忆笔当作自己学习路上的"神队友"。通过使用不同颜色的笔，孩子不仅能更好地记忆和理解知识点，而且能系统地整理知识结构，大大提升学习效率（如图 2-4 所示）。

四色记忆笔有如下分工。

+ 红色：用来纠正错误的知识点或提醒自己应注意的知识点。和红绿灯上的红灯一样，红色会非常醒目地提醒你。

+ 绿色：用来记录问题和答案。如果孩子在上课时存在没有听懂的知识点，下课后通过请教老师明白后就用绿色笔记录。绿色又叫作答案色，用绿色笔写答案会让孩子记忆得更加深刻。

+ 蓝色：用来记录需要记忆的内容，如数学的公式定理或其他学科的核心知识点。蓝色又叫作连接色，能够提高孩子对复杂知识的记忆效果。

+ 黑色：黑色是记忆效果最差的颜色，用来记录那些不重要的内容，或者在做题打草稿时用。

通过这些颜色，孩子可以更系统地梳理知识，一眼看去就知道重点在哪里，还能让记忆变得更高效。

四色记忆笔背后的学习方法叫作"四色右脑记忆法"，通过不同的颜色激发右脑潜能区，让孩子在学习时不仅更加专注，而且可以更快地找到不同颜色的重点内容。

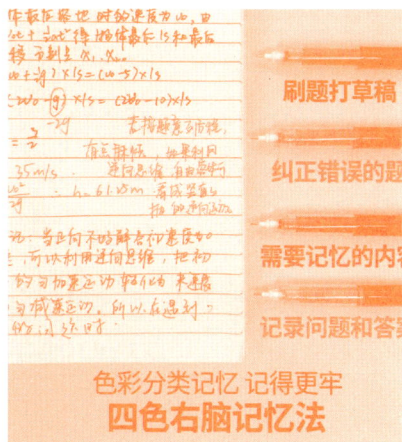

图 2-4　四色记忆笔

在实际操作中，如背诵词汇时，可以用蓝色笔记卜不熟的词汇，而熟悉的词汇不必重复抄写；在复习阶段，用黑色笔默写词汇的含义，再用红色笔修正错误；最后，用绿色笔总结错误的根源和应对策略。另外，还可以用四色笔来组织学习日程，如用蓝色笔标示待掌握的知识点，用黑色笔记录每日任务，用绿色笔标注已掌握的知识，用红色笔标记关键和难题部分。

通过四色记忆策略，孩子能更好地对学习材料进行归类和组织，构建出条理分明的知识框架。此外，这种方法还可以帮助孩子在学习过程中及时识别和修正错误，全面提升学习成效。

错题五步本

错题五步本主要用来收集孩子在答题时的错误，帮助孩子找出学习的短板，从而制定精准的复习和练习策略（如图2-5所示）。这个工具操作起来并不复杂，只需要将错题进行归类整理，明确标注出错原因和正确解题路径。这样在复习时，孩子就能集中精力解决这些问题，有效避免重复犯错。

巧用错题集是提升学习效率的绝佳策略。它不仅能够帮孩子记录并修正知识掌握过程中的偏差，还能在复习阶段成为关键参考资料。以下是教会孩子善用错题集来增强学习效率的具体建议。

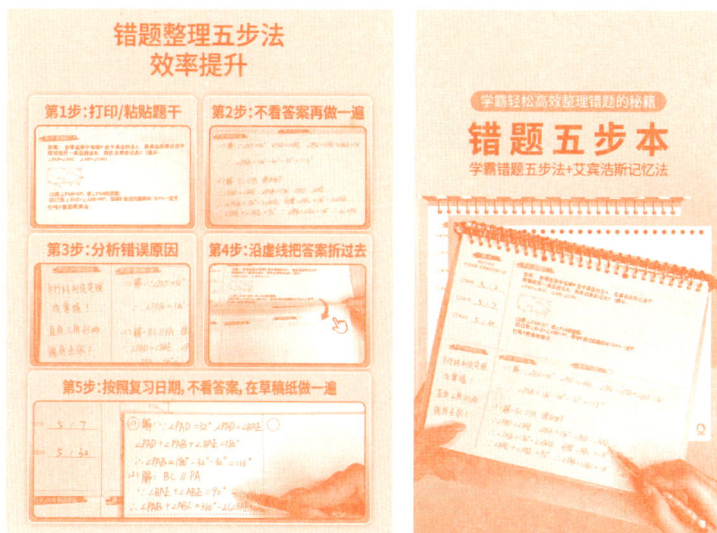

图 2-5　错题五步本

1. 及时整理错题

在完成练习或测试后，立即将错题归纳到专用的错题本内。这样可以及时反思并更正错误，防止以后再犯同样的错误。孩子刚开始使用错题本时，可以利用周末的时间集中整理，等学习效率提升以后，就可以在每天放学后留出时间整理当天所有学科中不会做的题目。

2. 详细分析失误原因

在整理错题时，不仅要标出正确答案，而且要详细分析错误原因。这样就可以让孩子深刻理解自己的学习盲点，进而制定精准的改进策略。分析错误原因时一定要具体，不要写"马虎了"或"审题失误"这种笼统的原因。如果是马虎了，就要写清楚具体在哪个步骤马虎了；如果是审题失误了，就要写清楚审错了哪个关键词。除此之外，还要写上如何在下次避免犯同样的错误，这样才更有指导性。

3. 周期性回顾错题

设定固定频率重做错题集内的习题，确保彻底掌握之前出错的知识点。在复审时，先尝试自主解答这些错题，然后将答案与标准解法进行比对。建议按照艾宾浩斯记忆法的规则，隔天、隔周、隔月不看答案重新做三遍错题。很多人复习错题时容易出现眼高手低的问题，看着题目和答案以为自己会做了，但考试时又会做错。所以复习错题时，一定要把答案折过去，不看答案重新做一遍。

4. 系统化整理错题

为了提升查找和复习错题的效率，建议孩子根据学科、知识点差异或错误类型来系统化整理错题本。这样可以帮助孩子全面掌握各个知识点，提升解题技能。使用活页本是个好主意，这样在考试前就可以把同一个知识点、同一类型的题目集中起来复习，效率会更高。

三区记忆笔记本

拖延写作业？可能是上课没听懂！家长只关注写作业效率还不够，还要提高孩子上课时的专注力。提升上课效率的第一步，就是改变记笔记的习惯！来吧，让我们学会用康奈尔笔记法使学习变得高效又有趣！

首先，需要一个专用的笔记本，其中一页纸被划分为主体区、辅助区（副栏区）和总结区三部分（如图 2-6 所示）。

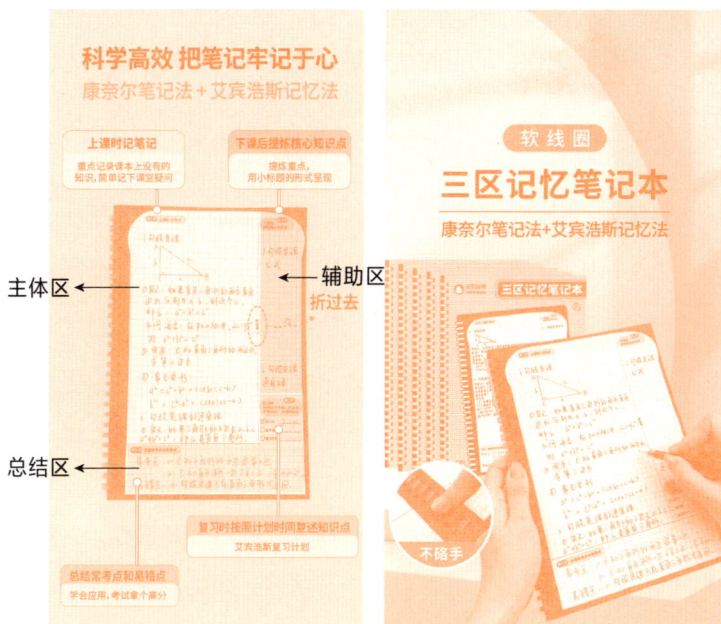

图 2-6　三区记忆笔记本

✦ **主体区**：记录课堂或学习的主要内容。

✦ **辅助区**：整理和提取核心要点，帮助孩子更好地理解和记忆。

✦ **总结区**：归纳个人的学习体会和复习重点，便于随时查阅。

主体区

上课时，别光顾着追求笔记漂亮，重点是要追求效率！在主体区，记下老师讲的重要内容、课本里没有的信息、关键的定义、公式等。记住，笔记的核心是记录老师讲的关键点，方便课后复习。

辅助区

课程结束后，要立刻回顾主体区的笔记，然后在辅助区总结核心要点。这些要点可以是笔记内容的精简版、概述或总结。主动简化知识点后我们就会发现，孩子的逻辑能力也在飞速提升！

总结区

在总结区写下对本堂课的学习体会，有没有疑惑点，有什么需要深入研究的内容，以及复习的关键点。建议记录与笔记相关的常考题型和易错点，这样在复习笔记时，就能高效复习知识点和题目！

周期性复核学习材料

倒回去复习是巩固知识的关键步骤，建议孩子采取以下复习策略。

1. 浏览总结内容： 看看总结区的知识要点和学习感悟。

2. 追溯主体内容： 仔细回顾主体区的讲授内容，并结合辅助区的核心要点再次巩固记忆。

这样做后，孩子就会发现自己对知识点的记忆越来越深刻，对学科概念的理解也更加深入了。家长还可以在康奈尔笔记法的基础上，教会孩子使用艾宾浩斯记忆法和费曼学习法。复习时，把辅助区折过去，不看主体区的知识点，只看辅助区的标题，然后试着把内容讲给自己听一遍。这个办法非常有效。

第 3 章

这样写作业，

一天

变 48 小时

开启高效率地写作业

你的孩子平常写作业是不是这样的？

每天放学回家以后先拿出课本和练习册，然后对照老师布置的作业开始动手。他并不知道自己该先做哪个作业，也不知道自己今天需要花多长时间完成所有作业。他只是本能地拿出一个自己最擅长的学科作业开始写，但很快就会发现这个作业好难，根本没有头绪。他的思绪开始飘忽不定，一会儿想今天和哪个同学吵架了，一会儿想明天上课会不会被老师检查。

对很多同学来说，写作业效率特别差往往是因为写作业的第一步就错了。写作业的第一步一定不是随意拿出一科作业开始动手，而是需要先给自己列清楚计划。即使具体到每一个学科的作业，也需要先把计划列清楚才可以开始。只要把计划列清楚了，作业效率就会高很多。

我以前写作文时很容易犯拖延症。因为我总是习惯先在脑子里构思出一篇作文的所有内容后才肯动手。但是，完整地构思一篇作文并不是那么容易的。在被作文折磨了一段时间后，我发现了一个非常有效的小法，就是在动笔写作文前，先不纠结于这篇作文的每一段写什么，而是先让自己把这篇作文的标题和中心思想写到草稿纸上。比起在脑海中构思出一篇文章所有的内容，只写下标题和中心主旨要简单得多。

接下来我还是不会着急动手写作文，我会继续在草稿纸上把第一段的核心内容、第二段的核心内容依次写下来。注意，我不是在草稿纸上写下每一段的具体内容，而仅是列出每一段的中心思想。等我列完大纲后，我再按照大纲填充每一个自然段的内容就好了。

以一个非常简单的作文题目"我的妈妈"为例，我只会让自己在草稿纸上写下这些内容。

作文题目：我的妈妈

中心思想：通过描述我的妈妈的外貌、性格、日常行为和对家庭的贡献，表达对妈妈的爱和感激。

写作大纲：

1. 引言。A. 简要介绍我的妈妈；B. 提出妈妈在我生活中的重要性。

2. 妈妈的外貌。A. 描述妈妈的相貌特征；B. 妈妈的穿衣风格和气质。

3. 妈妈的性格。A. 妈妈的性格特点（如温柔、坚强、幽默等）；B. 举例说明妈妈性格的表现。

4. 妈妈的日常行为。A. 妈妈做的家务及如何照顾家人；B. 妈妈在工作和社会活动中的表现。

5. 妈妈对家庭的贡献。A. 妈妈对我的关爱和教育；B. 妈妈在家庭中发挥的核心作用。

6. 结论。A. 总结对妈妈的感激之情；B. 表达对妈妈的爱与敬意，展望未来对妈妈的回馈。

就这么一个小小的改变，我发现我写作文的速度比之前快了太多。因为之前浪费了太多时间去苦思冥想作文的全部内容，这不仅很难，而且会让我产生畏惧心理。但通过列好大纲，我就可以简简单单地厘清作文框架。再动笔写作文时，我只是按照大纲在填充每一个自然段。这个方法在心理学上又叫作"微习惯"。

微习惯就是非常小、非常简单的习惯，小到我们几乎不需要任何意志力就能完成。通过每天坚持这些小习惯，慢慢地，我们就会发现自己已经养成了一个大的、正向的习惯。

微习惯的好处

1. 简单易行：微习惯非常容易开始，不会因为太难而放弃。

2. 不占时间：每次完成的时间很短，不会占用太多时间。

3. 容易坚持：任务非常小，很容易坚持下去。

如何使用微习惯克服拖延

很多同学写作业时会拖延，不想开始。我们可以利用微习惯解决这个问题。下面我来教大家具体怎么做。

步骤 1：选择一个微习惯

要克服拖延症，我们可以设定一个非常小的任务，如只写 1 分钟的作业。

这个任务非常小，所以孩子不会有多大的心理负担，非常容易开始。

步骤 2：每天完成这个微习惯

每天只要有空，就开始写 1 分钟的作业。

我们可以这样做：

1. **找个固定的时间，**如每天晚饭后，设定一个闹钟提醒自己；

2. **开始写 1 分钟的作业，**只要开始了，孩子就会发现 1 分钟很快就过去了，他甚至会继续写下去。

写作业四步法

通过微习惯我们学会了如何轻松开启写作业，接下来我要教会孩子如何按照写作业四步法来提升写作业的效率。写作业非常慢的学生一定要按照这四步来优化写作业的流程。

第一步：梳理作业内容和数量，按轻重缓急排列顺序

我建议孩子在每天放学回家后，先把今天要完成的所有作业列出一个清单，并给每一项作业标注上要完成的数量。了解自己的作业内容和数量，是开启高效写作业的第一步。家长和孩子可以参考表 3-1 进行梳理。

表 3-1　作业列表

学科	作业内容	具体要求
语文	阅读短文并写心得	阅读《小王子》第 2 章，写 100 字心得

（续表）

学科	作业内容	具体要求
数学	应用题练习	完成课本第 15 页的 10 道应用题
英语	背诵单词表并默写	背诵 20 个单词，并默写在笔记本上
历史	预习第 3 章	阅读第 3 章内容，做简要笔记
科学	实验报告	完成"植物生长"实验报告，写 200 字总结

只是梳理今天要写的作业还不够，孩子还需要排一下这些作业的优先级。在排优先级后，就是先复习再写作业。除了复习，我建议孩子按照以下标准对每天的作业进行排序。

第一优先级：与复习相关的作业内容，如英语的背单词、语文的背课文、数学的课后例题等。这些作业内容和复习当天所学的知识点直接相关，一定要优先完成。

第二优先级：与白天知识点相关的做题。我们要理解老师安排的作业是对当天所学知识点的一次应用。孩子需要通过做题更加深入地理解所学知识点的含义。

第三优先级：预习作业。预习能够帮助孩子提高第二天上课的效率。每天晚上 10 分钟的预习，就能够帮助孩子在第二天上课时提高 60%~70% 的听课效率。

第四优先级：与白天知识点无关的做题。有时老师会布置一些题目训练，晚一点做这些题目对巩固今天所学知识的影响并不大，我们可以降低它的优先级。

通过这四个优先级的排序，家长和孩子可以把上面的作业表格优化成表 3-2。

表 3-2　作业优先级排序

学科	作业内容	具体要求	优先级
语文	阅读短文并写心得	阅读《小王子》第 2 章，写 100 字心得	4
数学	应用题练习	完成课本第 15 页的 10 道应用题	2
英语	背诵单词表并默写	背诵 20 个单词，并默写在笔记本上	1
历史	预习第 3 章	阅读第 3 章内容，做简要笔记	3
科学	实验报告	完成"植物生长"实验报告，写 200 字总结	5

对作业进行优先级排序是告诉孩子每天应该先写哪些作业再写哪些作业。优先级带给孩子最大的价值是让他能够有舍有得。对高优先级的内容，孩子一定要更加专注和重视，一定要保质保量地完成。而对低优先级的作业内容，如果时间实在是来不及了，就可以舍弃一些质量而追求速度。

我们一定要意识到，老师布置的作业是基于全班的平均水平设计的。所以，对老师布置的作业，孩子需要思考哪些作业对自己的帮助更大，哪些作业其实可有可无。当孩子开始主动思考如何提高学习效率，而不是把老师布置的作业照单全收时，他的学习效率就能实现实质性的提高。

第二步：规划每科作业的完成时间

完成优先级排序后，孩子需要评估自己每一项作业的完成时间。预估完成时间的意义一方面在于让孩子知道今天大概需要多长时间完成作业，另一方面在于帮助孩子不断地优化写作业的时间。家长和孩子可以按照表 3-3 把每一项作业的完成时间写下来。

表 3-3　预估每一项作业的完成时间

学科	作业内容	具体要求	优先级	预估完成时间
语文	阅读短文并写心得	阅读《小王子》第 2 章，写 100 字心得	4	30 分钟
数学	应用题练习	完成课本第 15 页的 10 道应用题	2	40 分钟
英语	背诵单词表并默写	背诵 20 个单词，并默写在笔记本上	1	30 分钟
历史	预习第 3 章	阅读第 3 章内容，做简要笔记	3	20 分钟
科学	实验报告	完成"植物生长"实验报告，写 200 字总结	5	40 分钟

只是写下预估时间还不够，家长和孩子还需要在每一项作业

真正完成后，再写下实际所用的时间。只有这样孩子才能对自己做题的速度有更加精准的判断。如果孩子曾经在期中考试或期末考试遇到题目做不完的情况，就一定要在平常写作业时着重锻炼自己对时间的判断能力。

　　例如，孩子预计可以在 30 分钟内完成一项作业，但实际用了 50 分钟，这多出来的 20 分钟就是需要反思和总结的。这样一来，等孩子到了大的考试现场，才能更加精准地判断自己的做题速度和完成每一项考试内容所需的时间，才不会出现最后几道大题没时间做的情况。所以，家长和孩子可以继续在表 3-4 中增加完成每一项作业实际花费的时间。

表 3-4　预估作业完成时间与实际完成时间对比

学科	作业内容	具体要求	优先级	预估完成时间	实际完成时间
语文	阅读短文并写心得	阅读《小王子》第2章，写100字心得	4	30 分钟	
数学	应用题练习	完成课本第15页的10道应用题	2	40 分钟	
英语	背诵单词表并默写	背诵20个单词，并默写在笔记本上	1	30 分钟	
历史	预习第3章	阅读第3章内容，做简要笔记	3	20 分钟	
科学	实验报告	完成"植物生长"实验报告，写200字总结	5	40 分钟	

如果孩子发现自己总是很难在预估的时间内完成作业，那么我建议孩子使用我以前用过的绝招——限时写作业。就是孩子在每一次写作业时，想象自己正在期末考试的现场，需要给自己限定时间。如果孩子预估的时间是 40 分钟，就要设一个 40 分钟的闹钟，让自己在这 40 分钟内全神贯注地做题。如果 40 分钟到了，就要像在考试时一样立刻停笔。家长需要帮助孩子反思自己为什么没有在规定时间内完成作业。只有通过这样不断的优化，做题速度才会越来越快。

第三步：采用番茄工作法，在 25 分钟内集中精力完成作业

在完成了优先级排序和时间规划后，对写作业容易走神的同学，我建议他采用番茄工作法来写作业。番茄工作法是由一个叫弗朗西斯科·西里洛的大叔在 1992 年创立的。番茄工作法的原理很简单，就是拆分时间，每学习 25 分钟就休息 5 分钟（如图 3-1 所示）。这么做不仅能让孩子休息得更好，还能让他在接下来的学习中更

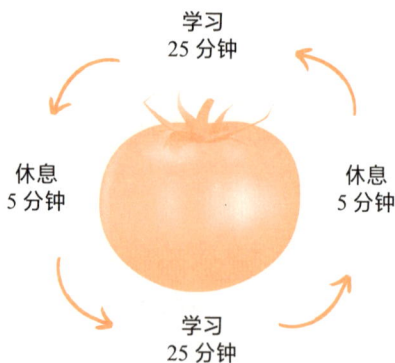

图 3-1　番茄工作法

加专注。

1. 选择任务：先挑一个要完成的任务，然后专心致志地学习 25 分钟，这期间不能分心！接着休息 5 分钟。这就是一个完整的"番茄时间"！

2. 小长休：每完成四个"番茄时间"，就有一个 30 分钟的休息时间！孩子可以做点儿自己喜欢的事情，放松一下。

3. 任务完成符号：每当孩子完成一个任务，就可以在任务清单上画掉它！

第四步：按计划完成后给自己一点奖励

完成了前三步后，孩子会发现自己写作业不仅更专注了，而且不会像之前感觉那么累。但这还不够，很多只有"三分钟热度"的同学很有可能坚持了几天就把我教的方法抛之脑后了。为什么我们总会出现"三分钟热度"呢？是因为你没有给自己即时正反馈。

什么叫作即时正反馈？如果你平常打游戏你就会深有体会。打游戏时，你每完成系统交给你的一个任务，很快就会收到等级的提升或任务奖励。每完成一个任务就能收获奖励就是即时正反馈。简单来说，就是在你完成一个小目标时，马上奖励自己一下，让自己更有动力去完成下一个任务！

怎么具体操作呢？

1. 设定小目标

✦ 把作业分成几个小块，如做完一页数学题、写完一段作文或背完 10 个单词。每完成一个小块就算是完成一个小目标。

2. 完成小目标，马上奖励

✦ 当孩子完成了一个小目标后，家长可以给他一个小奖励，如吃一块小糖果、玩 5 分钟他喜欢的小游戏或听一首他最爱的歌曲。

3. 记录成就，增强信心

✦ 每完成一个小目标，就在一张纸上打个小星星或画个笑脸，看着这张充满成就感的纸，孩子会感到特别开心和自豪！

4. 长时间的反馈，持续动力

✦ 如果孩子连续完成了多个小目标，家长就可以给他更大的奖励，如看一集喜欢的动画片或出去玩 15 分钟等。

假设孩子有 10 道数学题要做，就可以把这 10 道题分成两个小组，每组 5 道题。

+ 先专心做完第一组 5 道题，完成后，可以站起来伸伸懒腰、喝点水、吃个小零食。

+ 继续做第二组 5 道题，完成后，可以玩 5 分钟他最喜欢的小游戏。

+ 一口气完成了 10 道题，真棒！奖励他多看一集动画片。

这样的即时正反馈不仅可以让孩子在学习的过程中保持动力，而且能把写作业变成一件更有趣的事情！

拒绝熬夜写作业的"加速器"

在讲解写作业四步法后，我还要教会孩子三个帮助他高效完成作业的"加速器"。孩子需要在写作业的每一天都用上这三个"加速器"，因为它们曾经帮助我把写作业的时间压缩到了之前的一半。

我们常说"工欲善其事，必先利其器"，我来教会孩子如何做好写作业前的复习准备。

先复习再写作业，事半功倍

我在前面几章反复提到过一定要先复习再写作业，因为很多同学根本就没理解上课学的内容，结果导致写作业效率非常低，没办法留出时间进行复习。这样看起来虽然这些同学很努力地写了几小时的作业，其实根本没有记住多少知识，只是为了完成任务而完成任务。

更可怕的是，这会导致他们在第二天上课时也很难跟得上。

因为很多学科章节与章节之间的知识点是有关联的，如果前一个章节的知识点似懂非懂，那么第二天新的知识点就更是难以消化，于是第二天写作业的效率更差，从此陷入了恶性循环之中（如图 3-2 所示）。

图 3-2　写作业的恶性循环

　　如果孩子可以做出一个小的改变，每天放学回家后先复习再写作业，神奇的事情就会发生。孩子会发现在同样的学习时间里，只要把当天所学的知识点搞明白了，就可以在更短的时间内完成作业。不仅如此，还能留出时间预习明天的知识点，第二天上课效率也会提高。随着上课效率的提升，写作业的效率就会再次提升，从而越学越轻松，越学越有信心，进入我一直说的逆袭的"飞轮效应"（如图 3-3 所示）。

图 3-3 写作业的飞轮效应

那么，具体应该如何做呢？

1.回顾课堂笔记。放学回到家先别着急写作业，先翻阅课堂笔记和课本，快速回顾当天所学的重点和难点。遇到没理解的地方赶紧问老师或同学，该记忆背诵的知识点赶紧背诵。这样可以迅速进入学习状态，为接下来的复习和写作业做好准备。

2.梳理知识点。除了复习当天所学的知识点，我还建议孩子对这些知识点进行梳理和归纳，形成清晰的知识脉络。针对这一点，家长和孩子可以参考思维导图笔记法。

3.针对性复习。开始写作业后，如果遇到不会的题目千万不要浪费太多时间去苦思冥想，而是应该及时翻看课本，看看自己是不是对知识点理解得还不够。

4.整理错题。对于完全不会做的题，孩子一定要在作业或练习册上做好标记，等第二天老师讲解时重点听，并记得在周末时再完整复习一遍这周所有不会做的错题。

思维导图笔记法

思维导图笔记法是一种通过图形和文字相结合的方式，帮助人们厘清思路和记忆信息的方法。思维导图通常以一个中心主题为起点，然后将与其相关的内容以分支的形式展开，形成一个图形化的信息网络。这种方法能够直观地展示知识之间的联系，方便学生理解和回顾。

使用思维导图笔记法有以下好处。

1. 促进理解：图形化的结构能帮助孩子更好地理解复杂的概念。

2. 增强记忆：将信息分解成小块并关联起来，便于记忆。

3. 提高学习兴趣：生动有趣的图形和颜色能够吸引孩子的注意力，增加学习的趣味性。

4. 结构清晰：让信息的层次和逻辑关系更加清楚，有助于孩子系统地学习知识。

以下是一个使用思维导图笔记法记录小学数学笔记的具体步骤和例子（如图 3-4 所示）。

具体步骤

步骤 1：选择一个主题

✦ 选择一个正在学习的数学主题，如"乘法"。

步骤 2：绘制中心主题

✦ 在一张白纸的中央写上"乘法"并画一个圆圈，把中心
主题标出来。

步骤 3：添加主要分支

✦ 从中心主题向外画出几条线，每条线代表一个主要分支。
可以是以下分支。
▢ 乘法的定义
▢ 乘法口诀
▢ 乘法运算实例
▢ 乘法的应用

步骤 4：细化分支

✦ 在每个主要分支上继续细化。如在"乘法的定义"分支
下可以写这两点。
▢ 什么是乘法
▢ 乘法的符号（×）

✦ 在"乘法口诀"分支下可以写 1—9 乘法口诀

步骤 5：添加示例和颜色

✦ 在每个分支下添加具体的例子，如在"乘法运算实例"

下面写两个式子。

ロ $2 \times 3=6$

ロ $4 \times 5=20$

✦ 使用不同的颜色和小图标来区分不同的分支，增加视觉

效果，如图 3-4 所示。

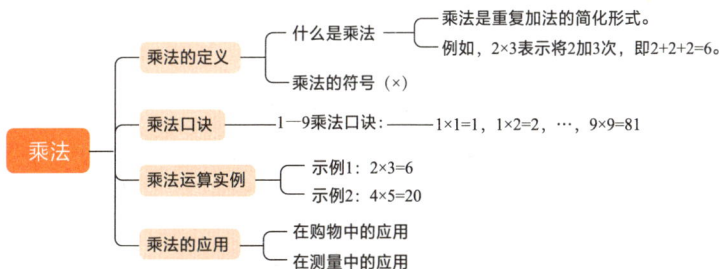

图 3-4　思维导图笔记法示例

使用费曼学习法，提升学习效果

在先复习再写作业的过程中，我建议孩子把费曼学习法和思维导图笔记法结合起来使用。思维导图笔记法可以帮助孩子结构

化地理解所学知识，而费曼学习法是让孩子化身一位小老师，通过给自己讲课的方式提高对知识的记忆效果。简单来说，当孩子能够把一个知识点讲明白，就算是真的懂了。

费曼学习法是由著名物理学家理查德·费曼（Richard Feynman）提出的一种高效的学习和记忆方法。它通过简明和有条理的解释，把复杂的概念转化为简明易懂的语言，帮助人们深度理解和内化知识。为了理解费曼学习法对记忆留存率的影响，我们可以使用"记忆留存金字塔"进行解释（如图 3-5 所示）。

记忆留存金字塔

这组来自美国的科研数据，展示了采用不同学习方法，两周后的记忆留存率

学习内容	评价留存率
听讲（Lecture）	5%
阅读（Reading）	10%
视听（Audiovisual）	20%
演示（Demonstration）	30%
讨论（Discussion）	50%
实践（Practice doing）	75%
教授给他人（Teach others）	90%

图 3-5　记忆留存金字塔

记忆留存金字塔（Learning Pyramid）是由美国国家训练实验室（National Training Laboratories）提出的，它揭示了不同学

习方式对知识留存率的影响。金字塔从顶层到底层表示记忆留存率从低到高的依次增高。

1. 听讲（Lecture）：5%

2. 阅读（Reading）：10%

3. 视听（Audiovisual）：20%

4. 演示（Demonstration）：30%

5. 讨论（Discussion）：50%

6. 实践（Practice doing）：75%

7. 教授给他人（Teach others）：90%

根据记忆留存金字塔，费曼学习法实际上涵盖了金字塔中多个层次的学习方式，从而极大地提高了知识的留存率。

1. 用简单语言解释（30%~50%）

+ 当你用简单语言把概念解释出来时，相当于演示（Demonstration）和讨论（Discussion）的结合。这一步可以帮助你检验自己对概念的理解深度，并在实际应用中纠正错误。

2. 指出知识盲点并回顾（50%~75%）

+ 通过识别并弥补知识盲点，你反复回顾和调整解释，进一步巩固理解，这非常符合实践中学习的原理。

3. 教授他人（90%）

✦ 费曼学习法的最后一步是将你所学的知识教授给他人，使学习者成为老师。这种方式的知识留存率高达90%。教授他人不仅要求你对知识点有全面的理解，还需要能够流畅、清晰地表达出来，这个过程大大提升了记忆留存率。

费曼学习法就是通过讲给别人听来检验和巩固自己学到的知识。这种方法能帮助孩子更深入地学习，并且记得更牢固。孩子可以在每天放学后用这个方法复习当天学到的知识！

怎么具体操作呢？我们一起来看看。

1. 选择主题

从今天学到的内容中挑选一个主题，如一个知识点、一个公式或一个概念。孩子可以选择自己觉得有趣或有点难的部分进行尝试。

2. 讲述内容

用自己的话，把这个主题讲给自己或家长听。在讲的时候，尽量用简单明了的语言，好像自己在教一个小朋友一样，这样听起来也会觉得轻松有趣！

3. 检查理解

家长可以在孩子讲完后问他几个小问题，或者做一个简单的小测试。这可以检验孩子是不是真的理解和掌握了这部分知识。如果家长发现孩子有不懂的地方，就可以及时纠正。如果孩子是讲给自己听，也可以给自己提问题，检查自己是否真的理解清楚了这个知识点。

4. 反馈与调整

根据孩子的讲述和测试结果，家长要给出一些反馈和建议。如果孩子讲得特别好，家长要及时夸奖他，给孩子更多的信心。如果有不足的地方，家长也要帮孩子做出调整，找到更好的学习方法。

合理安排休息时间，保证学习效率

合理的休息也是保证孩子能够持续高效学习的关键。我从来不提倡任何同学通过熬夜、打疲劳战的方式来提高学习成绩。因为这样做不仅没有效果，而且会摧毁孩子的专注力和学习效率。我曾经在一次期中考试前熬夜到凌晨两三点来突击，但我发现这会让我第二天的学习状态变得特别差。为了晚上多学那两三小时，影响了白天十几小时的学习，简直得不偿失！所以，孩子要在学习的同时照顾好自己的身体，让我们看看具体应该怎么做。

1. 制定个性化的休息时间表

每个孩子的年龄和性格不同，专注的时间和休息的需求也不一样。家长可以和孩子一起制定一个专属的休息时间表，确保在写作业时也能有适当的休息和放松。例如，孩子可能专注30分钟后就需要休息一会儿，这样才能保证学习效率。

2. 多进行户外活动

多出去活动活动，如散步、跑步、打球，不仅能让孩子放松心情，而且能保护视力！所以，放学或完成作业后，一定要让孩子去外面玩一玩、动一动，这可是对身体和学习都有好处的！

3. 培养良好的睡眠习惯

充足的睡眠对孩子的身心健康和学习效率特别重要！要养成良好的睡眠习惯，确保每天都能休息好。孩子要找到适合自己的作息时间，唯一的标准就是让学习时更有效率。

不同年级的建议

一、低年级（一、二年级）

+ **作业时间**：每天大约30分钟到1小时，根据实际情况和作业难度稍作调整。

+ **休息时间**：每天至少1小时的户外活动，如放学后或晚饭后可以安排阅读、绘画、音乐等兴趣活动的时间。

二、中年级（三、四年级）

✦ **作业时间：** 每天大约 1~1.5 小时，根据学习情况和作业要求调整。

✦ **休息时间：** 每天至少安排半小时的户外活动，还可以有课外阅读、手工制作、体育运动等时间。

三、高年级（五、六年级）

✦ **作业时间：** 每天大约 1.5~2 小时，根据学习进度和作业难度调整。这个阶段要逐渐培养孩子独立完成作业的能力了。

✦ **休息时间：** 即使有升学压力，每天也要保证至少半小时的户外活动，可以安排课外阅读、音乐、艺术等兴趣爱好，帮助孩子调节身心。

记住，学习是重要的，但休息和健康同样重要！合理安排时间，才能更好地学习和成长！

4 个时间管理"神器"

下面我们来聊聊几个超级好用的工具，这些工具可以帮助孩子更专注、高效地完成作业。

一、沙漏

1. 作用和效果

沙漏是一个很直观的时间管理工具，能帮助孩子看懂时间是怎么流逝的。用好沙漏，孩子会更了解完成一个任务需要多长时间，从而提高写作业的效率。

2. 具体操作步骤

+ 根据作业量和难度，选择一个合适的沙漏时长，如 15 分钟、30 分钟等。

+ 开始写作业前，把沙漏翻转，这样就能看到剩余时间。

+ 试着在沙漏时间内专注于作业，不要被其他事情干扰。

+ 沙漏时间结束后，休息一会儿，再翻过沙漏，继续写作业。

二、计时器

1. 作用和效果

计时器可以帮助孩子设定一个明确的时间限制，让他集中精力完成任务。设定倒计时的时候，孩子就会觉得时间紧迫，从而减少拖延行为。

2. 具体操作步骤

✦ 根据作业量和难度，设定一个合理的倒计时时长，如 25 分钟。

✦ 开始写作业前，启动计时器，这样可以看到时间在一点点减少。

✦ 努力在计时器响起前完成作业，培养自己的时间管理意识。

✦ 计时器响起后，休息 5 分钟，再启动计时器继续写作业。

三、待办事项清单

1. 作用和效果

待办事项清单可以帮助孩子把所有任务列出来，并按优先级进行排序。这样一来，孩子会一目了然地知道自己需要完成哪些任务，提高时间管理效率。

2. 具体操作步骤

✦ 开始写作业前，列出所有需要完成的任务。

✦ 根据任务的紧急程度和重要性进行排序。

✦ 每完成一项任务，就在清单上打钩或画掉。

✦ 定期检查清单，确保所有任务都按时完成。

四、时间管理 App

1. 作用和效果

时间管理 App 有很多功能，如任务管理、倒计时和提醒，可以更全面地帮助孩子管理时间。使用这些 App，孩子可以更便捷地安排学习和生活。

2. 具体操作步骤（以"Forest"为例）

✦ 在手机上下载并安装 Forest App。

✦ 设定一个写作业的时间段，如 30 分钟，选择一个树的种子开始种植。

✦ 在这段时间内专注写作业，不能离开 App 界面，否则树会枯萎。

✦ 时间结束后，树会成长，并记录在森林里。这样孩子就可以看看自己的成果和进步。

这些时间管理工具各有特色，家长可以帮助孩子选一个最适合自己的。

第 4 章

不 同 学 科

作 业

提 效 秘 籍

孩子每天会学习语文、数学、英语、物理等不同的学科，因为不同学科的作业特点不同，所以写作业的方法也不一样。

以英语这门学科为例，孩子需要背诵单词、背诵课文。在面对背诵词汇这类任务时，艾宾浩斯记忆法就非常有效；在面对数学作业时，更多的是基于公式定理来解题。所以孩子要做的一定不是死记硬背，而是了解和回顾课堂内容，并在做题的过程中不断地总结解题思路，使自己下次遇到类似的题目时能快速回忆起解题过程。

在这一章，我要教会孩子识别不同的作业类型，以及针对不同类型的作业孩子可以采取的高效学习方法。

学生时代常见的作业类型分为背诵与默写作业、作文写作作业、阅读与理解作业、数学计算与应用作业。不同类型的作业应该采用不同的提效方法。

背诵与默写：学会高效记忆法

你是不是也有这个困扰，为什么我很容易忘记背过的知识点？好不容易背下一段课文，结果第二天上课时忘得精光。

德国心理学家赫尔曼·艾宾浩斯做过一个记忆实验，这个实验揭示了人类记忆的特性和遗忘规律。为探究记忆的持久性和遗忘过程，艾宾浩斯进行了大量的自我实验。他使用无意义的音节（如"DAX""NOP"）排除已知语义对记忆的影响，从而确保实验结果的纯粹性。

在实验过程中，艾宾浩斯首先反复学习一组无意义的音节，直到他能够正确记住并复述全组音节。接着，在不同的时间间隔（从 20 分钟到 31 天不等）后，他重新复述这些音节，以测量遗忘的程度。通过这些实验，艾宾浩斯发现，记忆随时间呈指数下降，即在学习后的最初阶段遗忘最为迅速，随后遗忘速度逐渐减慢。这种现象被称为"遗忘曲线"（如图 4-1 所示）。

"遗忘曲线"的特点显示，在学习后的最初几天内，大量信息会被迅速遗忘，而随着时间推移，遗忘速度会逐渐减慢，直到在很长一段时间后，剩余的记忆变得相对稳定。也就是说，他发现人类的记忆会按照一定的规律逐渐消退，刚学习后的遗忘速度最快，以后会慢下来。

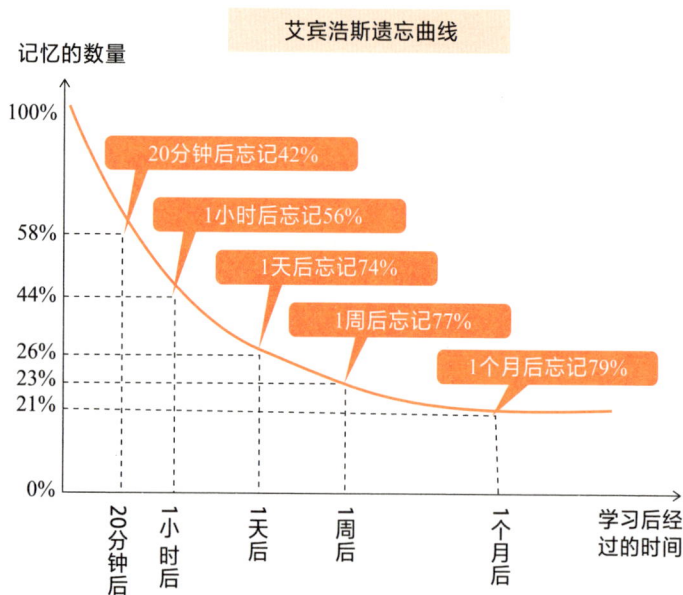

艾宾浩斯遗忘曲线

记忆的数量

- 20分钟后忘记42%
- 1小时后忘记56%
- 1天后忘记74%
- 1周后忘记77%
- 1个月后忘记79%

100%
58%
44%
26%
23%
21%
0%

20分钟后　1小时后　1天后　1周后　1个月后

学习后经过的时间

图 4-1　艾宾浩斯遗忘曲线

　　基于这些发现，艾宾浩斯提出了一些有效的记忆策略，使记忆效果能够最大化。这些策略有充足的科学依据，可以显著提升记忆的持久性。

　　其中一个关键策略是"间隔重复"（Spaced Repetition）。科学研究表明，通过多次、间隔性的复习，可以逆转遗忘的过程。

每次复习在遗忘曲线快速下降阶段进行，使记忆遗忘的速度变慢，从而提高记忆持久性。具体来说，初次学习后的复习间隔应较短，如第一次复习在学习结束后数小时内进行，然后随着每次复习的进行，逐步延长复习间隔，如 1 天、3 天、1 周甚至 1 个月。

另一个有效的策略是"即时复习"（Immediate Review）。研究发现，在刚学习完内容后立即复习可以有效巩固短时记忆，并将其转化为长时记忆。在具体应用方面，当学习结束后，可以立即进行简要回顾和总结，强化记忆效果。

另外，"主动回忆"（Active Recall）也是一项被验证行之有效的策略。在主动回忆过程中，学习者需主动从记忆中提取信息，而不是被动地复习笔记或教材。这一过程能更有效地强化神经连接，提高记忆效果。例如，可以通过自问自答、制作闪卡等方式进行主动回忆，或者在不看笔记的情况下，尝试重新组织和复述学习内容。

以下是使用艾宾浩斯记忆法背单词（或者语文课文）的具体步骤。

1. 制订学习计划。首先确定需要背诵的单词数量和内容，然后根据艾宾浩斯记忆周期制订复习计划。记忆周期是 5 分钟、30 分钟、12 小时、1 天、2 天、4 天、7 天和 15 天等。

2. 初始学习。开始学习新的单词，如一次学习 10 个新单词。花费一定时间进行学习和记忆，如使用 5 分钟时间。

3.短期复习。在学习新单词后的 5 分钟和 30 分钟进行第一次和第二次复习。这有助于巩固刚刚学过的内容，加强记忆。

4.长期复习。在接下来的 12 小时、1 天、2 天、4 天、7 天和 15 天等时间点，按照艾宾浩斯记忆周期进行复习。这样可以将短时记忆转化为长时记忆。

以下是一个基于背单词的艾宾浩斯记忆法实操案例。

1.假设有 100 个新单词需要背诵，将这 100 个单词分为 10 组，每组 10 个单词。

2.第一天早上开始学习第一组 10 个新单词，花费 5 分钟时间学习和记忆。然后在 5 分钟后进行第一次复习，30 分钟后进行第二次复习。

3.在中午或晚上选择一个合适的时间，再次复习一遍这 10 个单词，确保长时记忆。

4.第二天早上开始学习第二组 10 个新单词，重复上述步骤。然后在学习完第二组单词后，复习第一组单词。

5.以此类推，每天学习新的单词组，并复习前几天学过的单词组。

6.在复习周期的第 1 天、第 2 天、第 4 天、第 7 天和第 15 天，对已经学过的单词进行全面复习，以确保长时记忆效果。

除了艾宾浩斯记忆法，还有几种比较实用的方法可以配合使用。

方法一：理解记忆法

背诵不是简单的机械重复，而是要在理解的基础上进行。只有理解了文章的内容、结构和逻辑关系，才能更好地记住它。因此，在背诵前，孩子要先对文章进行深入理解。

具体步骤

1. **通读全文**。先快速浏览一遍文章，了解大致内容和结构。

2. **分析结构**。仔细分析文章的段落结构、句子之间的逻辑关系及关键词汇。可以用笔画出重点句子和关键词，帮助加深理解。

3. **概括内容**。尝试用自己的话概括文章的主要内容和中心思想，这样有助于加深对文章的理解。

4. **尝试背诵**。在理解的基础上尝试背诵文章。可以先从一段文字开始，然后逐渐扩展到全文。

方法二：联想记忆法

联想记忆法是一种利用联想来帮助记忆的方法。在背诵文章时，孩子可以尝试将文章中的内容与自己的生活经验、已知知识或具体场景联系起来，形成生动的联想画面，从而帮助记忆。

具体步骤

1. 寻找关联。在背诵时，努力寻找文章中的内容与自己的生活经验或已知知识的关联点。

2. 形成画面。将这些关联点转化为具体的画面或场景，在脑海中形成生动的联想。

3. 反复回忆。在背诵过程中不断回忆这些联想画面，便于加深记忆。

方法三：分段背诵法

那些较长的文章或课文，一次性背诵往往难度较大。这时，孩子可以采用分段背诵法将文章分成若干个小段，逐个击破。

具体步骤

1. 划分段落。根据文章的结构和内容，将文章合理划分为若干个小段。

2. 逐个背诵。从第一段开始，逐段进行背诵。每背完一段后，及时复习巩固。

3. 合并段落。当每个小段都能熟练背诵后，尝试将相邻的小段合并起来背诵，逐渐增加背诵的长度。

作文写作：大纲写作法和五感扩写法

很多孩子在写作文时常常遇到的问题就是没有思路和憋字，一写作文就要写几小时，往往卡在一个段落就不知道怎么往下写了。其实，写作文憋字的主要原因是孩子没有在写作文之前构思好明确的写作思路和逻辑结构，导致在写作过程中边想边写。别担心，只要孩子掌握了大纲写作法，就会发现写作文非常简单。

大纲写作法是一种在开始写作前先列出主要内容和结构的方法。通过写大纲，孩子可以清楚地知道作文要写什么，每一部分要讲什么，从而有助于写出有条理的文章。大纲通常包括标题、各段的主要内容和一些细节说明。大纲写作法可以帮助孩子把脑中的想法条理化，避免写作文时思路混乱。这种写作方式还可以让作文的结构更加清晰合理，有助于增强文章的逻辑性和连贯性。

大纲写作法

步骤 1：选择一个题目

✦ 找一个你感兴趣的题目，如"我的梦想"。

步骤 2：头脑风暴

✦ 家长和孩子一起头脑风暴，讨论关于这个题目他们可以
写什么。有时可以列一个小清单。

- ☐ 教师
- ☐ 科学家
- ☐ 宇航员
- ☐ 医生

步骤 3：列出大纲的大致结构

✦ 列出大纲的基本结构，包括标题、开头、中间段落和
结尾。

步骤 4：详细补充

✦ 在每一部分下面详细补充要写的内容。

实际例子：题目"我的梦想"

1. 标题

　　☐ 我的梦想

2. 开头

　　☐ 引言：简单介绍梦想的重要性。

　　☐ 我的梦想是什么：我梦想成为一名医生。

3. 主体段落

a. 第一段

　　☐ 为什么我想成为一名医生

　　☐ 受到的影响（如父母或看到的故事）

b. 第二段

　　☐ 成为医生需要做什么

　　☐ 需要学习哪些科目

　　☐ 如何进行训练（如进入医学院）

c. 第三段

　　☐ 当医生的好处

　　☐ 能够帮助别人

       □ 对社会的贡献

4. 结尾

       □ 总结梦想：再次强调成为医生是我的梦想。

       □ 鼓励自己：未来要努力实现这个梦想。

五感扩写法

除了使用大纲写作法，五感扩写法也是一种很好用的方法。五感扩写法是指我们通过调动五种感官（视觉、听觉、触觉、嗅觉和味觉），更加生动、具体地描绘情景的方法。这一方法可以使作文更有画面感和吸引力，不仅能提升作文的质量，还能防止内容空洞或成为流水账。

下面以"秋天的公园很美丽"这句话为例，通过五感扩写法展开。

原句：

"秋天的公园很美丽。"

1. 视觉（看）

扩展：在秋天的公园里，树叶变成了金黄色和橙红色，一片片飘落在地上，地面上像铺了一层彩色的地毯。远处的小湖在阳光的照耀下闪闪发光。

2. 听觉（听）

扩展： 微风吹过，树叶发出沙沙的响声，你在远处嬉笑打闹，鸟儿在树间欢快地歌唱，好像在讲述秋天的故事。

3. 触觉（摸）

扩展： 我捡起一片刚刚落下的树叶，感觉它有些干燥而脆弱，仿佛在手中随时会破碎。石凳上的温度随着阳光的照射变得温暖，坐上去非常舒适。

4. 嗅觉（闻）

扩展： 公园里弥漫着淡淡的树叶的香气，还夹杂着泥土的气息。偶尔一阵风带来了一股微甜的果香，让人感到格外清新。

5. 味觉（尝）

扩展： 秋天，妈妈带来了一篮刚摘下来的苹果，每一口都脆甜多汁，带着一丝秋天的清爽。还有我们喜欢的烤红薯，这种带有秋意的美味最能抚慰人心。

综合使用五感扩写后的段落如下。

在秋天的公园里，树叶变成了金黄色和橙红色，一片片飘落在地上，地面上像铺了一层彩色的地毯。远处的小湖在阳光的照耀下闪闪发光。微风吹过，树叶发出沙沙的响声，你在远处嬉笑打闹，鸟儿在树间欢快地歌唱，好像在讲述秋天的故事。我捡起一片刚刚落下的树叶，感觉它有些干燥而脆弱，仿佛在手中随时会破碎。石凳上的温度随着阳光的照射变得温暖，坐上去非常舒适。公园里弥漫着淡淡的树叶的香气，还夹杂着泥土的气息。偶尔一阵风带来了一股微甜的果香，让人感到格外清新。秋天，妈妈带来了一篮刚摘下来的苹果，每一口都脆甜多汁，带着一丝秋天的清爽。还有我们喜欢的烤红薯，这种带有秋意的美味最能抚慰人心。

通过五感扩写法，由一句简单的"秋天的公园很美丽"逐步拓展成一段细腻、具体、生动的描写，使文字更加丰富、有画面感，也更吸引人。在平时的写作训练中，孩子可以反复应用和练习这种方法，逐步掌握五感描写的技巧，提高写作水平。

阅读理解：晨读、深度阅读和阅读理解模板

如果孩子做语文或英语的阅读理解题拿不到高分，写的答案总是不在得分要点上，就说明他需要提高对文章的理解能力。这种理解能力的培养一方面需要长期大量的阅读，另一方面也要培养孩子对文字的审美能力。从我的教育实践来看，晨读是一种非常有效的提高阅读能力的方法。晨读三步法是一种有效的阅读策略，旨在通过有计划的阅读活动，使孩子在大脑最活跃的时候提高阅读理解能力。

晨读三步法

晨读是我在初一时使用的方法，每天早上拿出 10 分钟的时间来大声朗读课文。通过大声朗读提高自己的语感和理解能力。后来我在晨读的基础上拓展成了晨读三步法。

1. 预读

目标：预读的目的是快速了解文章的大意和结构，为深入阅读做好准备。

方法：

+ 快速浏览：快速浏览文章的标题、副标题，每一段的首尾句，以及插图和图表。

+ 圈出关键信息：找出文章中的关键词、关键短语或关键句。

+ 预测内容：根据预览内容预测文章的主要内容和可能的问题点。

应用：假设阅读材料是一篇短篇故事，通过预读，孩子可以大致了解故事的背景、主要人物和情节走向。

2. 大声朗读

目标：大声朗读课文，有感情地读清楚每一个字，体会作者的心情。

方法：

+ 逐段阅读：大声朗读文章，注意每一段的细节和内在逻辑关系。

+ 批注和笔记：在文章旁边进行批注，标记不理解的词汇、重要的信息，以及自己的一些疑问和想法。

✦ 问题解答：根据阅读材料附带的问题，找出答案并在文章中标记出处。

应用：孩子在精读短篇故事时，应该关注每个段落是怎样推动情节发展的，每个角色的性格特征是什么，以及作者通过哪些手法来传达情感。

3. 复述

目标：复述的目的是巩固自己对文章的理解，提高记忆和表达能力。

方法：

✦ 简要概括：用自己的话简要概括文章的主要内容，重点包括文章的主题、主要情节和关键细节。

✦ 详细复述：详细复述文章内容，重现文章的结构和逻辑。

✦ 讨论与反馈：家长或老师可以根据孩子的复述进行提问，帮助他进一步理解和记忆文章。

应用：复述短篇故事时，需要涵盖故事的开端、发展、高潮和结尾部分，并说明每个部分的主要事件。

深度阅读

除了使用晨读来提高语感，我建议学生在阅读课文和课外书籍时学会带着问题去阅读。有了问题之后，孩子在阅读时就会更加专心，因为他一边读一边会想着怎样找到答案。带着问题阅读，还可以帮孩子更好地理解文章的深层内容。比起只是为了看热闹去读一本书，带着问题阅读又叫作深度阅读。4F 阅读法是我特别推荐的一个方法。

4F 阅读法是一种可以帮助人们在读书时更理解书本内容的方法。4F 是由四个英文单词的首字母组成的，分别是 Fact（事实）、Feeling（感受）、Find（寻找）和 Future（未来）。

在孩子开始读一本书前，可以问自己四个问题，这样能帮助他更好地理解和记住书中的内容。

✦ Fact（事实）：这本书讲的是什么内容？

✦ Feeling（感受）：这本书会带给我什么感受？

✦ Find（寻找）：我在书中可以找到哪些有趣的事情？

✦ Future（未来）：读完这本书后我要怎么做？

以阅读《小王子》为例

第一步：问自己四个问题

✦ Fact（事实）：这本书讲的是什么内容？

□ 如"《小王子》讲述了一个小男孩在宇宙中旅行的故事"。

✦ Feeling（感受）：这本书会带给我什么感受？

　　☐ 如"这本书可能会让我觉得很神秘和有趣"。

✦ Find（寻找）：我在书中可以找到哪些有趣的事情？

　　☐ 如"我可能会发现小王子遇到很多不同的角色，每个角色都有自己的故事"。

✦ Future（未来）：读完这本书后我要怎么做？

　　☐ 如"这本书可能会教我怎么珍惜朋友，怎么看待生命中的重要事情"。

▍阅读理解模板

　　要想提升阅读理解能力，除了长期积累，也需要孩子掌握一些应试技巧。在平常写作业时就应该主动地积累阅读理解模板。简而言之，阅读理解模板就是由不同类型的阅读题目的答题要点总结出的模板。以下是几种常见的题型及答题要点和答题模板。

1. 主旨大意题

目标：找出文章或段落的主要观点或大意。

常见问题形式

✦ 这篇文章主要讲了什么？

✦ 本文的主要内容是什么？

答题要点

✦ 阅读文章或段落的首尾句，通常包含中心思想。

✦ 抓住关键词和重复出现的主题。

✦ 抓住文章的整体结构和逻辑。

答题模板

✦ "本文主要讲述了……"

✦ "这篇文章的主要内容是……"

假设文章标题是《春天的花园》，文章描述了各种花在春天开放的美丽景象。

✦ 问题：这篇文章主要讲了什么？

✦ 答案：本文主要讲述了春天花园里各种花开放的美丽景象。

2. 细节理解题

目标：理解和记住文章中的具体信息。

常见问题形式

✦ 文章中提到的……是什么？

✦ 作者在第几段提到了……？

答题要点

✦ 回到文章中寻找问题涉及的部分，细读相关段落。

✦ 确保答案完全来自文章，避免主观推测。

答题模板

✦ "根据文章……"

✦ "文中提到……"

文章某段描述大象每天吃多少食物。

✦ 问题：大象每天要吃多少食物？

✦ 答案：根据文章，大象每天要吃 150 千克的食物。

3. 词汇理解题

目标：理解某个词汇或短语在特定语境下的意义。

常见问题形式

✦ 文章中 "……" 的意思是什么？

✦ "……" 在文中的意思是？

答题要点

✦ 看该词所在的句子及其上下文。

✦ 寻找上下文中解释这个词的线索。

答题模板

✦ "在这里，'……'的意思是……"

✦ "'……'指的是……"

某段文字形容河水非常清澈，使用了"明眸流光"这个词。

✦ 问题：文中的"明眸流光"是什么意思？

✦ 答案：在这里，"明眸流光"的意思是河水非常清澈、闪闪发光。

4. 句子作用题

目标：理解特定句子在文章中的作用或意义。

常见问题形式

✦ 文章开头这句话的作用是什么？

✦ 写这句话是为了说明什么？

答题要点

✦ 句子在文章中的位置，如开头、中间、结尾。

✦ 句子的具体内容和功能，如引出主题、总结全文、过渡段落等。

答题模板

✦ "这句话在文中起……作用。"

✦ "这句话是为了……"

文章的第一句话是："春天是大自然的画家。"

✦ 问题：这句话的作用是什么？

✦ 答案：这句话在文中起到了引出主题的作用，说明文章将描绘春天的景象。

5. 推理判断题

目标： 通过文章内容进行合理推断，理解隐含意思。

常见问题形式

✦ 可以推断出作者对……的态度是什么？

✦ 从文中可以看出……？

答题要点

✦ 仔细阅读文章，理解作者的态度和情感。

✦ 抓住文章中的线索和暗示。

答题模板

✦ "根据文章，可以推断……"

✦ "通过文中的描写，可以看出……"

文章描述了某位学生学习非常努力。

✦ 问题：从文中可以看出作者的态度是什么？

✦ 答案：根据文章，可以推断出作者对主人公充满了敬佩和同情。

6. 作者意图题

目标： 理解作者写这篇文章的目的或意图。

常见问题形式

✦ 作者写这篇文章的目的是什么？

✦ 作者为什么提到……？

答题要点

✦ 理解文章的整体内容和情感。

✦ 分析文章中的具体描述和例子。

答题模板

✦ "作者写这篇文章是为了……"

✦ "作者提到……是为了……"

文章描述了环保的重要性和具体方法。

✦ 问题：作者写这篇文章的目的是什么？

✦ 答案：作者写这篇文章是为了呼吁人们重视环保并采取
　　具体行动。

通过使用上述模板，孩子可以更有条理地分析和回答各类阅读理解问题。这种方法不仅能提高答题的准确率，而且能培养孩子的阅读习惯和思维能力。孩子可以根据每种题型的特点和答题要点，结合具体内容进行回答。通过反复练习和总结，孩子就能逐步掌握各种题型的解题技巧，从而在阅读理解作业中取得更好的成绩。

数学作业：解题策略和有效检查

在写数学作业的过程中，最重要的是提前记忆和理解公式，避免边做边查。如果孩子在写数学作业的时候，总是频繁地翻书找公式定理，那么他写数学作业的速度一定会很慢，这不仅会消耗大量时间，还可能打断解题思路的连贯性。

提升数学作业完成效率的关键在于熟练掌握基本概念和解题策略。这如同构建高层建筑，倘若地基不够稳固，整座大厦则时刻面临倾覆的风险。因此，孩子必须掌握数学课本上的基础知识。在学习一个新的数学章节之前，先花些时间梳理本章的知识点。家长可以将这些知识点整理成一张思维导图或笔记，这样有助于孩子形成一个清晰的知识框架。

这样解题速度真的快

利用图形化策略解决面积问题

题目：一个长方形的长是 8 厘米，宽是 5 厘米，求这个长方形的面积。

解题策略：图形化策略

对小学生来说，面积的概念可能相对抽象。因此，利用图形化策略，将问题具象化，有助于他们更好地理解和解决问题。

1. 绘制图形。 在纸上或黑板上绘制一个长 8 厘米、宽 5 厘米的长方形，这样孩子可以直观地看到长方形的形状和大小。

2. 标记长和宽。 在图形上标出长和宽的长度，这有助于孩子将数字与图形的实际尺寸联系起来。

3. 计算面积。 先理解面积的概念，即长方形内部包含的空间大小。再使用面积公式：面积 = 长 × 宽。在这个例子中，面积 = 8 厘米 × 5 厘米 = 40 平方厘米。

通过图形化策略，孩子不仅能够得出正确答案，而且能加深对面积概念的理解，为今后解决更复杂的几何问题打下基础。

运用逆向思维解决加减法问题

题目：小明的妈妈买了 15 个苹果，小明吃掉了 4 个，还剩多少个？

解题策略：逆向思维策略

对于这类简单的加减法问题，逆向思维可以帮助孩子更快速、更准确地找到答案。

1. 从结果出发。 首先想象如果小明没有吃掉任何苹果，还剩下多少个苹果？答案是 15 个。

2.逆向操作。然后思考如果从 15 个苹果中减去 4 个,应该怎么做?这相当于想象小明吃掉了 4 个苹果的过程。孩子可以通过数手指、画图形或其他方式来辅助思考。

3.得出结果。通过逆向操作,孩子可以很容易地得出结果:15–4=11。所以,小明吃掉 4 个苹果后,还剩下 11 个苹果。

逆向思维策略不仅适用于简单的加减法问题,而且可以帮助孩子解决更复杂的数学问题,如解决方程等。通过培养逆向思维能力,孩子可以学会从不同的角度看待问题,寻找多种解决方案。

利用等分策略解决分数问题

题目:小丽有一块巧克力,她想将其均分给她的三个朋友。请问,每个朋友能得到多少巧克力?

解题策略:等分策略

分数对小学生来说是一个难点。利用等分策略,可以帮助他们更好地理解分数的概念和运算。

1.确定总量。明确巧克力的总量为 1 块。这可以作为分数的分子。

2.确定等分数。题目中提到要将巧克力均分给三个朋友,因此等分数为 3。这可以作为分数的分母。

3.计算每人所得。如果总量为 1 块,等分为 3 份,那么每份就是 1/3 块。因此,每个朋友能得到 1/3 块的巧克力。

为了进一步巩固小学生对分数的理解，还可以通过实际操作来感受分数的意义。例如，用纸剪出一个圆形代表巧克力，然后将其均分为三份，直观地看到每份的大小和形状。这样他们就能更深入地理解分数的概念和运算规则了。

利用数学模型解决实际问题

题目：小明家到学校的距离是 5 千米，他每天步行上学需要 30 分钟。今天他骑自行车上学，只用了 10 分钟。请问，小明骑自行车的速度是多少？

解题策略：数学模型法

对于这类涉及速度、时间和距离的问题，建立数学模型是一个有效的解题策略。

1. 理解问题。小明步行上学需要 30 分钟，距离是 5 千米；骑自行车上学只需要 10 分钟，我们要求的是他骑自行车的速度。

2. 建立模型。速度是距离除以时间的结果。因此，我们可以建立以下数学模型：速度 = 距离 / 时间。在这个问题中，距离是 5 千米，时间是 10 分钟（需要转换为小时，即 1/6 小时）。

3. 应用模型。将已知数据代入模型计算速度。即速度 = 5 千米 /（1/6 小时）=30 千米 / 小时。

4. 解释结果。小明骑自行车的速度是 30 千米 / 小时，这意味着他每小时可以骑行 30 千米。

通过数学模型法，孩子不仅能够得出正确答案，而且能学会如何将实际问题抽象为数学问题，并运用数学知识进行解决。

利用图形化策略解决比例问题

题目：在一个果园里，苹果树和梨树的比例是 3∶2。如果苹果树有 90 棵，那么梨树有多少棵？

解题策略：图形化策略

比例问题对小学生来说可能较为抽象，图形化策略可以更直观地理解问题。

1. 绘制图形。在纸上画一个长方形，将其分为 3 份和 2 份，分别代表苹果树和梨树的比例。

2. 标记已知数量。在代表苹果树的部分上标记 90 棵，这是题目给出的已知信息。

3. 利用比例关系求解。由于苹果树和梨树的比例是 3∶2，我们可以通过比例关系求出梨树的数量。即如果苹果树是 3 份中的 90 棵，那么 1 份就是 30 棵。因此，梨树作为 2 份，就是 60 棵。

4. 验证答案。验证答案是否符合题目要求。苹果树和梨树的比例是否为 3∶2，且苹果树数量是否为 90 棵。经验证，答案正确。

通过图形化策略，孩子可以直观地看到比例关系，进而利用这种关系求出未知数量。这种方法不仅简单易行，而且有助于孩子形成对比例关系的深刻理解。

利用逻辑推理解决排列组合问题

题目：在一个密码箱上，有 3 个旋钮，每个旋钮上有 10 个数字（0—9）。请问，最多需要尝试多少次才能打开密码箱？

解题策略：逻辑推理法

排列组合问题往往涉及多个元素和多种可能性，利用逻辑推理可以帮助孩子有条理地分析问题。

1. 理解问题。密码箱上有 3 个旋钮，每个旋钮上有 10 个数字。孩子需要找出所有可能的组合方式。

2. 分析组合方式。每个旋钮都可以独立旋转到任意一个数字上，因此第一个旋钮有 10 种可能，第二个旋钮也有 10 种可能，第三个旋钮同样有 10 种可能。根据乘法原理，三个旋钮的总组合方式是 $10 \times 10 \times 10 = 1000$ 种。

3. 推理最优策略。由于题目是"最多需要尝试多少次"，那么我们可以推理出最优策略是从 000 开始，依次尝试到 999，这样确保不会遗漏任何一种可能性。因此，最多需要尝试 1000 次。

4. 总结规律。当有多个元素且每个元素有多种可能性时，可以利用乘法原理计算总的可能性数量。同时，要注意问题的具体要求，选择合适的策略进行尝试。

通过逻辑推理法，孩子可以学会如何有条理地分析排列组合问题，找出所有可能的组合方式，并推理出最优的解决策略。这种方法不仅适用于数学问题，而且可以迁移到其他需要逻辑思维的领域。

这样检查才有效果

在数学学习中学生常常会出现所谓的"马虎"问题，即由于各种原因导致的计算错误、理解偏差或遗漏关键信息等。这些问题不仅会影响孩子的数学成绩，还可能对学习积极性和自信心造成负面影响。为了帮助小学生解决数学的马虎问题，我很推荐家长和孩子使用以下五种方法。

巩固基础知识

要想解决数学解题过程中的马虎问题，首先就要确保孩子掌握了基础知识。家长可以通过以下方法帮助孩子巩固基础知识。

1. 定期复习。每隔一段时间，家长可以安排孩子对之前学过的数学知识进行复习，确保孩子对基本概念、运算规则和公式等有清晰的理解。

2. 练习题巩固。通过大量的练习题，孩子可以加深对知识点的理解和记忆。家长可以为孩子准备一些练习册或在线资源，让孩子进行有针对性的练习。

例如，对乘法分配律这一基础知识，孩子可以通过以下练习题进行巩固。

题目：计算（2+3）×4=？

解析：根据乘法分配律，(a+b)×c=a×c+b×c，所以（2+3）×4=2×4+3×4=8+12=20。

通过反复练习类似的题目，孩子可以逐渐加深对乘法分配律的理解，减少在解题过程中出现的马虎错误。

培养细致认真的学习态度

细致认真的学习态度是避免学生出现马虎问题的关键。家长可以通过以下方法帮助孩子培养这种学习态度。

1. 强调检查的重要性。做完数学题后，要养成检查的习惯，确保答案的准确性和完整性。家长可以教给孩子一些检查的方法，如重新计算、对比答案等。

2. 鼓励孩子多思考。在做题过程中，鼓励孩子多思考、多尝试，不要急于求成。对复杂的题目，家长可以引导孩子一步步分析，找出解题的关键信息。

例如，对以下应用题，孩子需要细致认真地分析题目信息。

题目：小明有 10 元钱，他买了 3 支铅笔和 2 本练习本，铅笔每支 1 元，练习本每本 2 元，请问小明还剩下多少钱？

解析：首先，你需要计算出小明购买铅笔和练习本的总花费，即 3×1+2×2=3+4=7 元。然后，用小明原有的钱减去总花费，即 10–7=3 元。所以，小明还剩下 3 元钱。

在这个过程中，孩子需要细致地分析题目中的信息，确保没有遗漏或误解。通过反复练习类似的题目，孩子可以逐渐培养出细致认真的学习态度。

提高注意力

注意力不集中是导致马虎问题的一个重要原因。为了帮助孩子提高注意力集中度，家长可以采取以下措施。

1.创造良好的学习环境。确保学习环境安静、整洁，减少外界因素的干扰。同时，家长也要避免在孩子学习时进行其他可能分散孩子注意力的活动。

2.使用辅助工具。定时器、番茄工作法等工具或方法可以帮助孩子集中注意力，提高学习效率。

例如，对以下计算题，孩子需要保持高度集中的注意力才能完成。

题目：计算 12345+54321=?

解析：这个题目涉及较大的数字相加，需要孩子保持高度集中的注意力，确保每一位数字都能正确相加。为了集中注意力，孩子可以练习在规定的时间内完成计算，并使用定时器进行计时。这样孩子就会更加专注于计算过程，减少马虎错误的出现。

建立错题集进行反思

建立错题集是帮助孩子解决马虎问题的有效方法之一。通过整理和分析错题，孩子可以找出自己容易出错的地方并分析原因，从而进行有针对性的改进。

家长可以和孩子一起将每次做错的题目整理到一个本子上，并注明错误的原因和正确的解法。然后，定期回顾这些错题，加深对错误的认识和理解。这样一来，孩子在以后遇到类似的问题时就会更加警惕和小心。

例如，对以下错题，孩子可以这样进行反思。

题目：计算（1/2）–（1/3）=?

错误答案：1/5

正确答案：1/6

反思：我错在没有将两个分数通分到相同的分母再进行相减。正确的做法应该是先找出两个分数的最小公倍数作为通分的分母，然后进行相减。以后再做类似的题目时，我要注意先通分再计算。

培养自我检查和验证的习惯

自我检查和验证是避免马虎问题的最后一道防线。家长可以通过以下方法帮助孩子养成这种习惯。

1. 教授检查方法。家长教给孩子一些具体的检查方法，如重新计算、代入验证等。这些方法可以帮助孩子发现计算过程中的错误或遗漏。

2. 鼓励多验证。在做题过程中，家长鼓励孩子多进行验证，确保答案的准确性和合理性。对复杂的题目，家长可以引导孩子使用不同的方法进行验证，以提高答案的可靠性。

例如，对以下计算题，孩子可以使用代入验证的方法进行自我检查。

题目：解方程 $2x+3=9$

解析：首先，需要解出方程的解，即 $x=3$。然后，将解代入原方程进行验证，即 $2\times3+3=9$。如果等式成立，说明答案是正确的；否则，说明答案有误。

通过这种方法，孩子可以及时发现和纠正自己在解题过程中的马虎错误。长期坚持下去，孩子的自我检查和验证能力就会得到显著提高。

在提高自我检查能力的过程中，我很建议家长给孩子配套一个分区草稿纸。所谓分区草稿纸，就是在草稿纸上增加了分区、题号和日期这三个要素（如图4-2所示）。

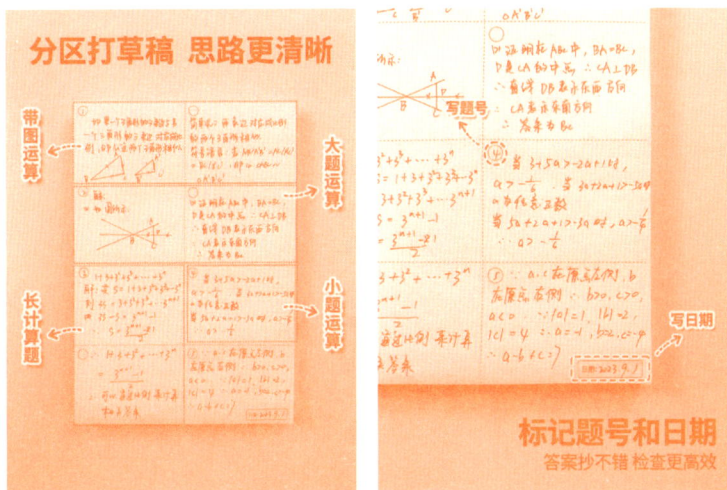

图 4-2 分区草稿纸

英语作业：核心是掌握单词

我相信英语对很多同学而言是一个令人头疼的学科。很多同学一提到英语就感觉不知道应该如何提升。别担心，我也曾和你有同样的困惑，我以前英语甚至考过不及格。但后来通过一系列的努力，我高考的英语总分是 143 分。那么，在这个过程中我做了什么呢？很简单就三个字"背单词"！

英语的本质就是一门语言。每一门语言都是通过一个个单词组成的。如果你拿到一篇英语文章后发现有一大半字词是不看懂的，你根本就不可能看懂文章。所以，所有英语不好的同学一定要认真背单词。

关于如何提高背单词的效率，我比较推荐使用多感官记忆法和艾宾浩斯记忆法。多感官记忆法是一种结合多种感官体验来提高记忆效率的方法。通过引入视觉、听觉、触觉等多种感官刺激，多感官记忆法可以使记忆内容更深刻、持久，具体步骤如下。

第一步：每天就背 10 个单词，减少记忆压力。每个单词用英语读一遍，用中文读五遍，然后默写下来，做到眼、耳、手、嘴四种感官器官同时记忆，提高记忆效率。

第二步：每背完 2 个单词，就需要重新复习之前的所有单词，看看能不能回忆起单词的含义。这个就是艾宾浩斯记忆法的短期复习节奏，巩固短期记忆强度。如果有想不起来的单词，就要重新打开课本，把这个词用英语读一遍，用中文读五遍。

第三步：背完 10 个单词，并且复习完成后，对照着英文在第二栏写下中文含义。当天完成一遍中英互译。

第四步：当天背完的单词，需要隔天、隔周、隔月把英文折叠过去，对照着中文完成三轮默写。如果发现默写出错的单词，还需要额外记忆巩固。

除了每天给自己制订背单词计划，我还建议学生通过做题来背单词。我在初一的时候，为了提高英语成绩，会把每一篇做过的试卷上所有不认识的单词都整理下来，然后用艾宾浩斯记忆法进行背诵。当你掌握了足够多的单词后，你的完形填空和阅读理解题也就没有什么大问题了。

英语作文这样写

英语作文的写作思路和前面讲过的语文作文大纲写作法非常相似，都是需要先列大纲再写作。除此之外，孩子还需要提前熟悉作文里可能运用的单词和句式。具体步骤如下。

1. 提前准备和规划

操作方法

✦ **提前复习相关知识**。在写作业之前，先复习老师上课讲解的内容，确保孩子对要写的作文有一定的了解。

✦ **规划时间**。指定一个明确的时间段来完成作业，避免拖延。

示例：写一篇关于"我的家庭"的作文

✦ 先复习家庭成员的英语单词和句型，如"father""mother""brother""sister""I love my family"等。

✦ 计划用 30 分钟来完成这篇作文，其间避免做其他事情。

2. 使用模板和句型

操作方法

✦ **准备常用模板和句型**。在完成特定类型的作文时，可以使用已有的模板和句型，加快写作速度。

✦ **句型练习**。反复练习常用的句型，提高书写速度和准确性。

示例：日记类作业

✦ 模板：Today, I [did something]. I [felt something] because

[reason].

✦ 示例：Today，I went to the park. I felt happy because I played with my friends.

✦ 孩子可以背一些简单的句型，在作文中灵活应用。

3. 思维导图和大纲

操作方法

✦ **使用思维导图或列大纲。** 在写作前列出文章的主要内容，组织思路，有助于提高写作效率。

✦ **图文结合。** 在思维导图中使用简单的插图帮助你理解和记忆。

示例：写一篇关于"我的宠物"的作文

✦ 中心主题：My Pet

✦ 主要分支：宠物的名字、种类、外貌、习性、喜欢和我在一起的时光。

✦ 列大纲：

　　☐ 开头：介绍宠物（名字和种类）。

　　☐ 第一段：描述宠物的外貌。

　　☐ 第二段：描述宠物的习性。

　　☐ 结尾：我的感受和宠物的关系。

4. 逐段写作和分步检查

操作方法

✦ **逐段写作**。将任务分解为几个段落，每次专注写一个段落。

✦ **分步检查**。每写完一个段落先检查一次，确保没有错误后再写下一个段落。

示例：写一篇关于"我的一天"的作文

✦ 逐段写作

　　▢ 开头：简单介绍今天的总体活动。

　　▢ 第一段：早上的活动。

　　▢ 第二段：中午的活动。

　　▢ 第三段：下午和晚上的活动。

　　▢ 结尾：我的感受。

✦ 写完每一段后，先检查拼写、语法错误再写下一段。

　　我在写英语作文时还有一个非常好用的提分策略，就是"高级替换词"。顾名思义，就是把作文里常见的低级词汇有意识地替换成更高级的词汇。虽然很多时候两者表示的意思并没有太大的差别，却能让阅卷老师一眼看到你作文的与众不同。以下是我总结的英语作文高级替换词（如表4-1所示），学生可以在写作文时使用。

表 4-1　英语作文高级替换词（示例）

常见词汇	高级替换词
very	extremely,remarkably, exceptionally
good	excellent,superb, outstanding
bad	terrible, dreadful, appalling
happy	joyful, elated, ecstatic
sad	sorrowful, melancholic, despondent
big	enormous,immense, gigantic
small	tiny, minute, minuscule
interesting	fascinating, captivating, intriguing

第 5 章

快　速　读　题

和

高　效　审　题

原来写作业慢是因为读题慢

分享了完成不同学科作业的不同方法后，我要帮助同学们搞清楚另外一个重要的问题，为什么有的同学读题总是很慢，而且审题总是容易出错。

我相信很多同学都有这个苦恼，为什么别人读题那么快，读完了就可以动手做题了。我不仅读题慢，还很容易出现审题错误。

读题慢往往是由你错误的阅读习惯造成的。你有没有以下四种常见的错误阅读习惯。

指读或逐字阅读

在阅读过程中，一些同学会采取手指指示法，即逐字用手指或笔尖点触文字进行阅读，以及逐字解析法，即单独识别每个字而非整体词组或句子进行阅读。这两种阅读习惯往往会对阅读速度产生负面影响，进而妨碍你快速领悟文本内涵。效率较低的阅读模式会消耗大量时间，直接延缓作业完成的进度。

回读过多

回读是指在阅读过程中频繁回顾已阅读过的信息。这种行为可能是由于对先前阅读内容的理解不充分，或是自我记忆能力的信心缺失导致的。然而，这个阅读习惯会干扰阅读的连贯性，进而降低阅读的整体效率。在应对作业情境时，若同学不断重读题目或教材内容，不仅会消耗时间与精力，还可能延缓作业完成的速度，乃至影响作业完成的质量。

心读或默读

心读是指同学在阅读过程中，即便嘴唇未动，内心仍在无声地发出每个字的音节；而默读则是指在心中默默读出句子。这些阅读习惯往往限制了阅读速度，原因在于心读与默读的速度远不及眼球扫视文字的速度。当同学面临快速浏览信息或搜寻资料的需求时，这样的阅读习性将显著降低其效率。

缺乏理解和思考

一些同学在阅读时仅停留在字面朗读层面，未能深入领悟和反思文本内涵。这种阅读方式不仅无助于提升阅读理解力，而且可能妨碍他们在应对课业时对题目意图及要求的精准把握。一旦他不能领会题目的含义与需求，将难以写出符合题目要求的答案，或许会导致频繁地修订或重写，进而影响作业完成的效率。

提升阅读速度的方法

阅读速度也是可以通过正确的方法来提高的，而且提高的速度会非常快，你会从以前一分钟看十几个字到像我现在一样，看书时一目十行还能记住每一个细节。

短时间内的高频阅读练习

方法：计时阅读法

短时间高频次的阅读训练能够有效提升阅读速度。研究表明，时间压力能促使大脑高速运转和集中注意力，有助于提高信息处理能力。

操作案例

✦ 步骤

a. 选择一段符合孩子阅读理解水平的文本，将长度控制在一到两页。

b. 使用计时器，设定 5 分钟的时间。

c. 在计时后开始阅读，要求孩子在规定时间内尽可能多地阅读。

d. 时间结束后，记录下阅读的内容，然后总结主要信息。

e. 再设定 5 分钟，看相同的内容，对比一下速度能否变快。

f. 同样一页内容可以看 3~5 遍，不断体会孩子阅读速度的提升。

✦ **目标**：通过短时间高频练习，孩子可以逐渐提高持续阅读速度和专注力。

眼动训练

方法：视觉边界法

这种方法的科学依据在于人类眼球的移动速度会影响阅读速度。研究显示，通过控制视线边界并减少眼睛的多余移动，可以降低阅读的视觉负担，从而提高阅读速度。

操作案例

✦ **步骤**

a. 在文本两旁适当留出空白，用手指指引阅读线路，并保持目光只在文字边界间移动。

b. 起初可以用手掌遮住阅读行的下半部分，以减少视线移动，提高视读速度。

c. 随着熟练度的提升，逐渐放弃手指或手掌辅助。

✦ **目标**：通过固定视线，减少眼球不必要的移动，优化阅读速度。

分层阅读

方法：机械法与理解法相结合

这种方法的科学依据在于分阶段的阅读策略可以优化大脑的信息处理能力。先通过快速浏览获取大意，然后在细读过程中集中精力消化细节。研究表明，这种分层阅读方式可以同时提升阅读速度和理解深度，因为大脑在快速浏览后能预先形成内容框架，在细读时更容易填补细节。

操作案例

✦ **步骤**

a. 将阅读文本分割成多个小段落。

b. 先快速浏览全文并标记出不太理解的句子或词汇。

c. 回到每个段落进行细读，并重点理解和记忆标记的部分。

d. 总结段落的主要内容，并用自己的话重述全文内容。

✦ **目标：** 通过机械性快速浏览获取大意，再通过细致阅读消化细节，锻炼阅读理解的全面性。

关键词提取和串联

方法：思维导图阅读法

科学研究表明，思维导图能帮助大脑更好地组织和存储信息。通过可视化的方式呈现信息，读者能够更快速地抓住文章的主要内容，并建立知识之间的联系。这种方法不仅提升了阅读速度，而且增强了记忆和理解的效果，因为图像化的信息更容易被大脑记住。

操作案例

✦ **步骤**

a. 在阅读过程中用笔标记重要的关键词或短语。

b. 读完一段后，将这些关键词串联成一张思维导图，展现段落之间的关系。

c. 通过思维导图快速回顾和梳理文章的框架，提高记忆和理解的效率。

✦ **目标**：培养快速抓取主要信息的能力，并通过可视化思维工具增强记忆和理解。

跟读训练

方法：音频跟读法

这种方法的科学依据在于通过听觉和视觉的同步训练，大脑的语言中枢能更快速地捕捉和处理信息。研究显示，跟读训练能有效提升阅读的流畅性和速度，因为在跟读过程中，大脑可以同时处理听觉和视觉信息，从而提升对文本的理解和反应速度。此外，模仿声音和语速还能帮助孩子培养语感，提高语言能力。

操作案例

✦ **步骤**

a. 选择有声书或分段录音的文本材料，确保语速适中、利于理解。

b. 边听边跟读，尽可能模仿语音、语调和语速。

c. 多次重复练习后，逐渐提高音频的播放速度并继续跟读。

✦ **目标**：通过模仿和跟读，促进语音信息和书面信息的同步，提高阅读的流畅性和速度。

分阶段提高阅读速度

阅读是学生打开知识大门的"金钥匙"。提高阅读速度和理解能力，不仅能够帮助孩子更好地吸收知识，而且能够培养孩子的思维能力和语言表达能力。那么，如何分阶段、有针对性地提高阅读速度和理解力呢？

小学低年级：培养阅读兴趣，打好阅读基础

在小学低年级阶段，孩子的主要任务是激发阅读兴趣，让自己爱上阅读。因为只有对阅读产生了浓厚的兴趣，才会愿意投入更多的时间和精力去阅读。

现代文阅读

1. 选择符合孩子年龄段的读物，如寓言故事、科普读物等，内容要生动有趣，能够吸引自己。

2. 家长陪伴阅读。家长可以在孩子阅读时适当地给予指导和

帮助，帮助孩子感受到阅读的乐趣。

3. 设置阅读任务。家长每天为孩子设置一定的阅读任务，完成后给予他适当的奖励，以激发他的阅读积极性。

以阅读《小猪佩奇》为例

《小猪佩奇》作为一部深受小朋友欢迎的动画作品，其故事书也很受欢迎。阅读《小猪佩奇》系列故事书可以很好地提升小学生的阅读速度及理解能力。接下来我们以《小猪佩奇》的特定故事情节为例，讲解提升阅读速度和理解能力的有效方法。

选择适合的故事

《小猪佩奇去游泳》的内容简明易懂，情节活泼有趣。

提高阅读速度

1. 定时阅读。开始时，每天拿出 5~10 分钟，在这段时间里专注阅读故事书。随着时间的推移，逐步延长阅读时间，这样会慢慢提高孩子的阅读速度。

2. 重复阅读，多次重读同一个故事。第一次阅读时，孩子可能会遇到一些生僻词汇或复杂句子，但在反复阅读的过程中，这些难点会变得熟悉并被掌握。

提升理解能力

1. 预设问题。在阅读故事之前，家长可以先向孩子提出一些与故事内容相关的问题，如"小猪佩奇为什么要去游泳"或"小猪佩奇在游泳时遇到了什么困难"。带着问题去阅读，有助于孩子更加关注故事情节和细节，提高理解能力。

2. 图片辅助。《小猪佩奇》的故事书中有生动的插图，孩子可以先观察图片，再阅读文字。图片可以帮助孩子更好地理解故事情节和人物关系。

3. 角色扮演。阅读完故事后，家长可以和孩子尝试扮演故事中的角色，通过对话和表演再现故事情节。这种方式能让孩子更加深入地理解角色的情感和动机，从而加深对故事的理解。

具体实践

以《小猪佩奇去游泳》为例，孩子可以独立阅读这个故事，注意记录阅读所用的时间。在孩子阅读的过程中，家长可以适时地给予指导和帮助，解释一些生词或难句的含义。

阅读后，孩子可以思考并讨论故事内容，如"小猪佩奇在游泳时为什么会感到害怕"或"最后小猪佩奇是怎么克服困难的"。通过回答这些问题，让孩子深入思考故事情节和人物行为背后的原因与意义。

此外，孩子可以尝试用自己的话讲述小猪佩奇的游泳经历。这样既能检验孩子的理解能力，又能锻炼孩子的口头表达能力。

古诗古文阅读

1.选择简单易懂的古诗，如《静夜思》《春晓》等，可以感受到古诗的韵律美和意境美。

2.了解古诗背景。阅读古诗时，孩子可以通过学习了解诗人和诗的背景，帮助自己更好地理解诗意。

3.诵读与背诵。多诵读、背诵古诗，培养孩子的语感和记忆力。

以阅读《静夜思》为例

《静夜思》是唐代诗人李白的一首脍炙人口的五言绝句，诗句简洁明了、意境深远。对小学低年级的学生来说，这首诗既是一个良好的语言学习材料，也是培养阅读速度和理解能力的好帮手。

诗句内容

床前明月光，疑是地上霜。举头望明月，低头思故乡。

提高阅读速度

1.熟悉字词。确保孩子认识诗中的每一个字。对不认识的字，孩子可以在查阅字典后多次朗读，加深记忆。

2.流畅朗读。让孩子大声、快速地朗读这首诗，多次重复后，阅读速度会自然提高。

3.限时阅读。家长设定一个较短的时间（如30秒），在这个时间内让孩子尽可能多地朗读这首诗。之后逐渐增加时间，观察孩子的阅读速度是否有所提高。

提升理解能力

1. 逐句解释。逐句理解诗句的意思，如"床前明月光"可以解释为"床前洒满了明亮的月光"。

2. 情境模拟。模拟一个静夜的场景，让孩子想象自己置身于那个环境中，感受诗句描绘的意境。

3. 情感引导。思考诗人在写下这首诗时的心情，如思乡之情。这有助于孩子更深入地理解诗句背后的情感。

4. 提问与讨论。让孩子思考并回答问题，如"为什么诗人会'疑是地上霜'"或"诗人此时在想什么"。通过提问和讨论，激发孩子的思考，加深对诗句的理解。

实践应用

1. 背诵与复述。尝试背诵这首诗，让孩子用自己的话复述诗句的意思。这既能检验孩子的理解能力，又能锻炼他的口头表达能力。

2. 创作与绘画。让孩子根据《静夜思》的意境创作一首小诗或画一幅画。这既能培养他的创造力，又能加深他对诗句的理解。

通过这些方法，相信孩子一定能够更好地理解和欣赏古诗，提高阅读速度和理解能力。

小学高年级：提高阅读速度，增强理解能力

小学高年级的学生此时已经有了一定的阅读基础，需要进一步提高阅读速度，增强理解能力。

现代文阅读

1. 限时阅读。让孩子给自己设置一定的阅读时间，尝试在规定时间内完成阅读任务，逐渐提高自己的阅读速度。

2. 提炼中心思想。在阅读时，孩子要学会提炼文章的中心思想，抓住文章的主线，这样能够帮助他更快地理解文章内容。

3. 做读书笔记。在阅读时做读书笔记，让孩子记录自己的感想和收获，这样能够帮助他更深入地理解文章内容。

以阅读《小王子》为例

《小王子》是法国作家安托万·德·圣埃克苏佩里的一部经典童话，这本书凭借深邃的哲理和丰富的想象力受到世界各地小读者的喜爱。对孩子来说，阅读《小王子》既是一次美妙的文学之旅，也是提高阅读速度和理解能力的好机会。

提高阅读速度

1. 设定阅读目标。在开始阅读前设定一个阅读目标，如每天读多少页或多长时间。有了目标，孩子才会更有动力去阅读，并逐渐提高阅读速度。

2.限时阅读训练。设定一个较短的时间段，如 20 分钟，让孩子在这个时间内尽可能多地阅读。通过多次训练，孩子的阅读速度会逐渐提高。但需要注意的是，不要为了追求速度而忽视对内容的理解。

3.熟悉词汇。在阅读过程中，如果遇到不认识的词汇，家长可以让孩子先猜测词义，再查字典确认。这样做既能提高阅读速度，又能增加词汇量。

提升理解能力

1.梳理故事情节。《小王子》的故事情节虽然简单，但其中蕴含了丰富的哲理。孩子可以梳理故事情节，了解小王子的冒险经历以及他与各种人物的对话。

2.角色扮演与讨论。孩子可以和同学一起扮演故事中的角色，通过对话和表演来再现故事情节。这样不仅能增加阅读的趣味性，还能帮助孩子更深入地理解角色的情感和动机。此外，孩子可以思考和讨论故事中的主题与思想，分析更深层次的问题。

3.联系生活实际。《小王子》中的许多哲理都与现实生活密切相关，孩子可以将故事中的情节和人物与自己的生活经验联系起来，思考如何在自己的生活中运用这些哲理。这样既能加深孩子对故事的理解，又能培养他的思考能力和实践能力。

实践应用

孩子可以重点关注《小王子》中小王子与狐狸的友谊这一部分，了解小王子与狐狸之间的情感交流和哲理启示。在阅读过程中，家长可以提出一些问题，如"为什么狐狸说只有用心去看，才能真正看清事物的本质"或"你觉得小王子从狐狸那里学到了什么"。通过这些问题，引导孩子深入思考故事情节背后的含义和价值。

通过这种方式，相信孩子一定能够更好地理解和欣赏《小王子》，在提高阅读速度和理解能力的同时获得更多的启示与思考。

古诗古文阅读

1. 了解古诗古文的结构。学习古诗古文的结构特点，如平仄、对仗等，帮助孩子更快地理解古诗古文的含义。

2. 逐句翻译与讲解。阅读古诗古文时，尝试逐句翻译并讲解诗句的含义，帮助孩子理解古诗古文的意境和情感。

3. 比较阅读。将同一主题的古诗古文进行比较阅读，找出它们之间的异同点，这样孩子能够更深入地理解古诗古文的内涵。

以阅读《登鹳雀楼》为例

《登鹳雀楼》是唐代诗人王之涣的一首五言绝句，以其简洁明快的语言和深远的意境著称。对孩子来说，这首诗既是一个良好的语言学习材料，也是提高阅读速度和理解能力的好帮手。下面，我们将结合《登鹳雀楼》的具体诗句来讲解如何提高这两方面的能力。

诗句内容

白日依山尽，

黄河入海流。

欲穷千里目，

更上一层楼。

提高阅读速度

1. 熟悉字词。首先确保孩子认识诗中的每一个字。对不认识的字，孩子可以查字典并多次朗读。特别是"鹳雀楼""依""尽""欲""穷"等关键词汇，要确保孩子能够准确快速地读出。

2. 流畅朗读，大声、快速地朗读这首诗。多次重复后，孩子的阅读速度就会提高。可以设定一个较短的时间（如 30 秒），让孩子在这个时间内尽可能多地朗读这首诗，然后逐渐拉长时间。

3. 意群阅读。按照意群来阅读诗句，而不是一个字一个字地读。如"白日 / 依山尽，黄河 / 入海流"这样的划分，可以帮助孩子更快地理解诗句的整休意思，从而提高阅读速度。

提升理解能力

1. 逐句解释。逐句解释诗句的意思，如"白日依山尽"可以解释为"太阳依傍山峦渐渐下落"，确保孩子理解每一句诗的含义。

2. 情境模拟。模拟一个登高远眺的场景，让孩子想象自己置身于鹳雀楼上，感受诗句描绘的壮阔景象。这有助于孩子更深入地理解诗句的意境和情感。

3. 情感引导。思考诗人在写下这首诗时可能的心情和感受，如对大自然的敬畏、对未知世界的向往等。这有助于孩子更深入地理解诗句背后的情感。

4. 提问与讨论。家长可以引导孩子思考一些问题，如"为什么诗人说'欲穷千里目，更上一层楼'"或"你觉得这首诗表达了诗人怎样的情感"。通过提问和讨论，激发孩子的思考，加深对诗句的理解。

实践应用

1. 背诵与复述。让孩子尝试背诵这首诗，并用自己的话复述诗句的意思。这既能检验他的理解能力，又能锻炼他的口头表达能力。

2. 创作与绘画。让孩子根据《登鹳雀楼》的意境创作一首小诗或画一幅画，这样做可以培养他的创造力。

3. 拓展阅读。阅读其他与登高、远眺相关的诗词或文章，如《望庐山瀑布》等。通过拓展阅读，帮助孩子更好地理解《登鹳雀楼》的意境和情感表达。

通过以上这些方法和步骤，孩子能够更好地理解和欣赏古诗古文，提高阅读速度和理解能力，并从中获得更多的启示和思考。

初中：拓展阅读广度，提升思维深度

进入初中学习后，孩子已经具备了较高的阅读理解能力，现在需要通过以下方法来拓展阅读广度，提升思维深度。

现代文阅读

1.广泛涉猎各类文体。孩子应阅读不同类型的文章，如小说、散文、议论文等，这样能够帮助他拓展阅读视野，提高他对不同文体的适应能力。

2.深入分析文章内涵。学习深入分析文章的内涵和思想，挖掘作者的深层意图和表达方式，这样能够提升孩子的思维深度。

3.参与阅读讨论。让孩子积极参与阅读讨论，与其他同学分享自己的阅读心得和看法，这样能够拓展他的思维广度，提高口头表达能力。

以阅读《从百草园到三味书屋》为例

《从百草园到三味书屋》是鲁迅先生的一篇经典散文，通过作者对童年生活的回忆，展现了百草园的自由快乐和三味书屋的严格教育。对孩子来说，这篇文章既有趣味性，又有一定的深度。下面我们将结合这篇文章的具体内容讲解如何提高孩子的阅读速度和理解能力。

提高阅读速度

1.熟悉文本特点。《从百草园到三味书屋》是一篇散文，语言优美，描写细腻。孩子在阅读时，要注意抓住散文的特点，如形散而神不散，通过对细节的描写来展现主题。熟悉这些特点后，他就能更快地把握文章的结构和脉络了。

2.快速浏览与寻读。学会快速浏览文章，迅速抓住文章的大意和主题。同时，培养自己的寻读能力，即带着问题去阅读，快速找到答案。例如，在阅读《从百草园到三味书屋》时，可以快速找到描写百草园和三味书屋的段落，并概括它们的特点。

3.限时阅读训练。为自己设定一个阅读时间限制，如5分钟内读完文章的一个部分，并回答相关问题。通过限时阅读训练，可以逐渐提高孩子的阅读速度。但需要注意的是，要确保在追求速度的同时正确理解文章的内容。

提升理解能力

1.深入解析文本。深入解析文本中的关键词句、修辞手法和表达方式等。例如，《从百草园到三味书屋》中运用了许多生动的描写和形象的比喻，孩子可以分析这些描写是如何展现百草园的自由快乐和三味书屋的严格教育的。

2. 讨论与分享，与同学或家长讨论文章的内容、主题和思想感情等。通过讨论和分享，孩子可以加深对文章的理解。例如，为什么鲁迅先生要写这篇文章？他想通过这篇文章表达怎样的思想感情？

3. **联系生活实际。**将文章内容与自己的生活实际联系起来，理解文章反映的社会现象和人生哲理。例如，《从百草园到三味书屋》反映了童年生活的两种不同状态，家长可以让孩子思考自己的童年生活是怎样的？与文章中的描写有哪些相似之处？

4. **拓展阅读与比较。**阅读与《从百草园到三味书屋》相关的其他文学作品或历史资料，并进行比较。通过拓展阅读和比较，可以帮助孩子更全面地理解文章的文化背景和思想内涵。

实践应用

1. 写读后感。在阅读完《从百草园到三味书屋》后让孩子写一篇读后感，表达自己的理解和感受。

2. 模仿创作。模仿《从百草园到三味书屋》的写作风格和表达方式，创作一篇关于自己童年生活的文章。

3. 课堂展示与讨论。在课堂上展示阅读成果，与同学分享自己的理解和感受，并接受同学的提问和质疑。

通过这些方法和步骤，孩子可以更好地理解和欣赏现代文，提高阅读速度和理解能力，并从中获得更多的启示和思考。

古诗古文阅读

1. 阅读经典名篇。孩子可以阅读一些经典的古诗古文名篇，如《岳阳楼记》和《出师表》等，这样能够帮助孩子更深入地了解古代文化和思想。

2. 学习古诗古文的创作技巧。学习古诗古文的创作技巧，如用典、比喻、拟人等，这样能够帮助孩子更好地欣赏和理解古诗古文的美妙之处。

3. 仿写与创作。尝试仿写或创作一些简单的古诗古文作品，这样能够帮助孩子更深入地体会古诗古文的魅力和韵味。

以阅读《岳阳楼记》为例

《岳阳楼记》是北宋文学家范仲淹的一篇著名散文，以其深邃的思想和优美的文笔著称。虽然它并非诗句形式，但我们可以借鉴其文学特点帮助自己提高阅读速度和理解能力。

《岳阳楼记》内容概述

文章通过描绘岳阳楼的景色及迁客骚人的登楼览胜，表达了作者"不以物喜，不以己悲"的旷达胸襟和"先天下之忧而忧，后天下之乐而乐"的政治抱负。

提高阅读速度

1. 熟悉文言词汇。《岳阳楼记》是一篇文言文，其中涉及许多古代汉语的词汇和句式。孩子可以先熟悉这些文言词汇，了解它们的基本含义和用法。这样在阅读时孩子就能更快地理解文章内容。

2. 分段阅读。将文章分成若干段落进行逐段阅读。孩子每读完一段就可以总结该段的大意，以确保他理解了所读内容。分段阅读可以降低阅读难度，提高阅读速度。

3. 限时阅读训练。设定一个较短的时间段，在这个时间内尽可能多地阅读文章。通过多次训练，孩子的阅读速度会逐渐提高。但需要注意的是，不要为了追求速度而忽视对内容的理解。

提升理解能力

1. 讲解背景知识。先了解《岳阳楼记》涉及的历史背景、地理环境和文化背景等，可以帮助孩子更好地理解文章内容。

2. 逐句解析。对文章中的难句或长句进行逐句解析，了解句子的结构和含义。这有助于孩子更深入地理解文章内容。

3. 情感引导。体会文章中的情感表达，如范仲淹对岳阳楼景色的赞美、对迁客骚人遭遇的同情以及对国家社稷的忧虑等。这有助于孩子更深入地理解文章的思想内涵。

4. 提问与讨论。在阅读过程中可以思考一些问题，如"范仲淹为什么要写这篇文章"或"他通过这篇文章表达了怎样的思想感情"等。通过提问和讨论，让孩子加深对文章的理解。

实践应用

1. 背诵与复述。让孩子尝试背诵《岳阳楼记》中的经典段落，并用自己的话复述文章内容。

2. 仿写与创作。让孩子模仿《岳阳楼记》的文笔和风格，创作一篇关于自己家乡或某个景点的文章。

3. 拓展阅读。让孩子阅读其他与《岳阳楼记》相关的文学作品或历史资料，如关于范仲淹的传记、岳阳楼的历史沿革等。

通过这些方法，孩子可以更好地理解和欣赏古诗古文，提高阅读速度和理解能力，并从中获得更多的启示和思考。

如何又快又好地审题

在小学阶段，孩子的审题能力在写作业的过程中起着至关重要的作用。审题能力不仅关乎作业完成的正确率和效率，更在深层次上影响着孩子的思维发展和自主学习能力。下面详细阐述小学阶段审题能力对写作业的重要性。

确保作业准确性

审题是解决问题的第一步，准确地审题能够确保孩子正确理解题目要求和条件，避免因为误解题目而导致的错误。如果孩子在审题时出现偏差，即使后续的计算或表述再准确，也无法得到正确的答案。因此，审题能力对保证作业的准确性至关重要。

提高作业效率

良好的审题能力可以帮助孩子迅速抓住题干的关键信息，明确解题方向，从而避免在无效思考或重复计算上浪费时间。这样孩子就能在有限的时间内完成更多的作业，从而提高学习效率。

同时，快速准确地审题也有助于孩子在考试等限时情况下更好地发挥水平。

培养思维能力

审题过程实际上是一个对信息进行筛选、整合和理解的过程。通过长期的审题训练，孩子可以逐渐培养出严谨、细致的思维习惯，提高分析问题和解决问题的能力。这些思维能力不仅可以帮助孩子解决学习中的问题，对他未来的生活和职业发展也具有重要意义。

促进自主学习能力

随着年级的升高，作业的难度和复杂性也会逐渐增加。只要孩子具备了良好的审题能力，他就能够更好地应对这些挑战，独立完成作业。在这个过程中，他不仅能够巩固所学知识，而且能提升自主学习能力。这种能力对他未来的学习和发展都会产生深远的影响。

如何提高语文题目的审题能力

作为解题的第一步，审题对孩子写作业来说至关重要。特别是在语文科目中，题目往往蕴含着丰富的信息和考察点，一个不小心就可能导致理解偏差，进而影响整个作业的完成质量。那么，如何提高孩子对语文题目的审题能力呢？下面，我将通过三个具体的语文题目案例，为大家详细阐述具体的方法和步骤。

题目案例一：阅读短文，回答问题

短文内容是关于一只小猫的故事，小猫因为贪玩而迷路了，最后利用自己的聪明才智找到了回家的路。题目要求你根据短文内容，回答小猫是如何找到回家的路的。

方法和步骤

1.通读全文，把握大意。孩子需要快速浏览全文，了解短文的大致内容和主题，即小猫迷路并最终找到回家的路的故事。

2.细读题干，明确任务。孩子需要仔细阅读题干，明确题目要求回答的问题是什么。在这个案例中，问题是"小猫是如何找到回家的路的"。

3.定位关键信息。在明确了任务后，孩子需要再次回到短文中，定位与问题相关的关键信息。在这个案例中，关键信息可能是小猫在迷路后采取的行动、遇到的困难以及最终如何成功找到回家的路等。

4.整合信息，组织答案。孩子需要将定位到的关键信息进行整合，组织成符合题目要求的答案。在这个案例中，答案可能包括小猫通过观察周围环境、利用自己的聪明才智以及坚持不懈的精神最终找到了回家的路等要点。

题目案例二：成语填空

题目给出了一组成语填空，要求孩子根据语境填入合适的字，如"画＿＿添足""＿＿上加霜"等。

方法和步骤

1. 理解语境。孩子需要仔细阅读题目给出的语境，理解句子的意思和所要表达的情感或情境。

2. 回忆成语。孩子需要回忆与语境相关的成语或常用的成语搭配。在这个案例中，他需要回忆与"画蛇添足""雪上加霜"等相关的成语或搭配。

3. 分析选项。如果题目给出了多个选项供选择，孩子还需要对选项进行分析比较，选出最符合语境和成语搭配的选项。在这个案例中，由于是直接填空的形式，所以这一步可以省略。

4. 检查答案。孩子需要检查填入的字是否与成语搭配正确、是否符合语境的要求。在这个案例中，他需要检查填入的字是否使成语完整且符合句子的意思。

题目案例三：改写句子

题目要求将一个陈述句改写成一个疑问句或感叹句，如将"这是一朵美丽的花"改写成疑问句或感叹句。

方法和步骤

1. 理解原句意思。孩子需要理解原句的意思和所要表达的情感或信息。在这个案例中，原句的意思是"这是一朵美丽的花"表达了对花的赞美之情。

2. 确定改写类型。孩子需要根据题目的要求确定改写的类型是疑问句还是感叹句。在这个案例中，题目要求可以改写成疑问句或感叹句，因此孩子需要选择其中一种类型进行改写。

3. 进行改写。在确定了改写类型后，孩子就可以开始进行改写了。对疑问句，他需要将原句中的陈述语气改为疑问语气，并适当调整语序和词汇；对感叹句，他需要加入感叹词或调整语序来强化情感表达。在这个案例中，如果改写成疑问句，可以是"这是一朵美丽的花吗"；如果改写成感叹句，可以是"多么美丽的花啊"或"这朵花真美啊"。

4. 检查改写结果。孩子需要检查改写后的句子是否符合语法规范，是否保留了原句的意思和情感表达等。在这个案例中，他需要检查改写后的疑问句或感叹句是否正确地表达了原句的意思和情感。

通过以上三个具体的语文题目案例，我们可以总结出提高孩子语文题目审题能力的一些通用方法和步骤。首先，通读全文或题干，把握大意和明确任务；其次，定位关键信息或回忆相关知识；最后，整合信息、组织答案并检查答案的正确性和完整性。当然，这些方法和步骤并不是孤立的，而是需要相互配合、灵活运用才能取得良好的效果。

如何提高数学题目的审题能力

很多时候，孩子并不是因为不会做题而失分，而是因为审题不清、理解错误。那么，如何提高孩子数学题目的审题能力呢？下面我结合三个具体的数学题目案例详细阐述具体的方法和步骤。

题目案例一：简单的加减法

题目："你有 5 个苹果，吃掉 2 个后，还剩几个？"

方法和步骤

1. 读题两遍。要让孩子养成读两遍题的习惯。第一遍快速浏览，了解题目的大致内容和要求；第二遍仔细阅读，确保完全理解题目的意思。在这个案例中，孩子需要明白题目问的是吃掉苹果后还剩下多少个。

2. 圈出关键信息。在读题的过程中，孩子可以用笔圈出关键信息，如数字、操作符等。在这个案例中，关键信息就是"5 个苹果""吃掉 2 个"和"还剩几个"。

3. 建立数学模型。根据题目中的关键信息，孩子可以在脑海中建立一个简单的数学模型。在这个案例中，模型就是 5 减去 2 等于多少。

4. 计算并检查。最后计算并检查结果是否符合题目要求。在这个案例中，5 减去 2 等于 3，所以还剩下 3 个苹果。

题目案例二：长方形的面积

题目："一个长方形的长是 8 厘米，宽是 5 厘米，求它的面积。"

方法和步骤

1. 明确题目要求。孩子需要明确题目要求的是什么。在这个案例中，题目要求计算长方形的面积。

2. 识别关键信息。孩子需要识别出题目中的关键信息，如长方形的长和宽。在这个案例中，关键信息就是"长是 8 厘米"和"宽是 5 厘米"。

3. 回忆相关公式。在识别出关键信息后，孩子需要回忆与题目相关的公式或定理。在这个案例中，需要回忆长方形面积的计算公式，即面积等于长乘以宽。

4. 代入公式计算。孩子将关键信息代入公式进行计算。在这个案例中，将长 8 厘米和宽 5 厘米代入面积公式，得到面积为 40 平方厘米。

5. 检查答案。计算完成后，孩子需要检查答案是否符合题目要求和实际情况。在这个案例中，可以检查计算过程是否有误、答案单位是否正确等。

题目案例三：复杂的应用题

题目："一个工厂生产了 1000 个零件，其中有 10% 是不合格的。请问合格的零件有多少个？"

方法和步骤

1. 理解题目背景。孩子需要理解题目的背景信息和要求解答的问题。在这个案例中，背景信息是工厂生产了 1000 个零件，其中有 10% 是不合格的；要求解答的问题是合格的零件有多少个。

2. 分析关键信息。孩子需要分析题目中的关键信息，如总数、不合格率等。在这个案例中，关键信息就是"1000 个零件"和"10% 不合格"。

3. 转化问题。有时，直接求解可能比较困难，孩子可以尝试将问题转化为更容易求解的形式。在这个案例中，可以将问题转化为求解合格的零件占总数的百分比，然后用总数乘以这个百分比得到合格零件的数量。

4. 计算并检查。计算并检查结果是否符合题目要求和实际情况。在这个案例中，可以先计算不合格的零件数量（1000 乘以 10% 等于 100），然后用总数减去不合格的零件数量得到合格的零件数量（1000 减去 100 等于 900）。所以，合格的零件有 900 个。

5. 反思与总结。完成题目后，孩子应进行反思和总结，思考解题过程中遇到的问题和解决方法，以便在以后的学习中更好地应用这些方法。

通过以上三个具体的数学题目案例，家长可以帮助孩子总结出提高数学审题能力的一些通用方法和步骤，如读两遍题确保理解题意，圈出关键信息以便快速定位，建立数学模型将实际问题抽象化，回忆相关公式或定理以便正确应用，代入公式计算并检查结果，反思与总结以便巩固提升。当然，这些方法和步骤并不是孤立的，而是需要相互配合、灵活运用的。

此外，为了提高审题能力，孩子还可以这样做：一是加强日常口算和笔算训练，提高计算速度和准确性；二是注重数学概念的理解和运用，建立扎实的数学基础；三是多进行模拟练习和真题训练，在实践中不断总结经验教训；四是多尝试不同的解题方法，培养创新思维和解决问题的能力。实施这些措施后，相信孩子的审题能力一定能够得到有效提升。

如何提高英语题目的审题能力

很多小学生在面对英语题目时，常常因为审题不清、理解错误而失分。下面我将结合三个英语题目案例，为大家详细阐述具体的方法和步骤。

培养细致入微的观察力

题目案例一：选择正确的单词填空

题目："He _____ (go) to the park yesterday."

这个题目看似简单，但很多小学生可能会因为时态问题而犯错。正确答案应该是"went"，因为句子中有明确的时间状语"yesterday"，表示过去时态。

方法和步骤

1.仔细阅读题目。孩子要仔细阅读题目，确保理解题目的要求和语境。在这个案例中，要注意"yesterday"这个关键词。

2.圈出关键信息。在阅读题目的过程中，孩子可以用笔圈出关键信息，如时间状语、主语等。在这个案例中，关键信息就是"yesterday"。

3.思考时态。根据圈出的关键信息，孩子需要思考应该使用哪种时态。在这个案例中，因为有时间状语"yesterday"，所以应该使用过去时态。

4.选择正确的单词。最后，孩子需要从给出的选项中选择正确的单词填空。在这个案例中，正确的单词是"went"。

通过这种方法，孩子可以培养出细致入微的观察力，从而在审题时能够准确捕捉关键信息。

强化语法和词汇基础

题目案例二：根据图片写句子

题目给出了一张图片，图片上是一个男孩正在踢足球。

这个题目要求答题者根据图片内容写出一个完整的句子。很多小学生可能会因为语法错误或词汇量不足而无法准确表述图片内容。

方法和步骤

1. 观察图片。孩子需要仔细观察图片，理解图片表达的意思。在这个案例中，图片表达的是一个男孩正在踢足球。

2. 确定主语和谓语。根据图片内容，孩子可以确定句子的主语是"boy"，谓语是"is playing football"。

3. 补充其他成分。除了主语和谓语，孩子还可以根据图片内容补充其他成分，如地点、时间等。在这个案例中，可以加上地点状语"in the park"。

4. 检查语法和拼写。孩子要检查句子的语法是否正确、拼写是否准确。在这个案例中，正确的句子应该是"The boy is playing football in the park"。

通过这种方法，孩子可以强化自己的语法和词汇基础，从而在审题时能够更准确地理解题目要求并表达出正确的意思。

提高阅读理解能力

题目案例三：阅读理解题

题目给出了一篇短文，短文描述了一个小女孩的生日派对和她的朋友们送的礼物。题目要求答题者根据短文内容回答几个问题。

这个题目要求你在阅读理解的基础上，对短文内容进行深入的分析和思考。很多小学生可能会因为阅读理解能力不足而无法准确回答问题。

方法和步骤

1. 快速浏览全文。孩子需要快速浏览全文，了解短文的大致内容和主题。在这个案例中，短文主题是关于小女孩的生日派对和她的礼物。

2. 仔细阅读问题。在阅读全文后，孩子需要仔细阅读问题，确保理解问题的要求和所问的内容。在这个案例中，问题可能是关于小女孩收到了哪些礼物、派对上有哪些活动等。

3. 定位关键信息。根据问题的要求，孩子要在短文中定位关键信息。在这个案例中，关键信息包括小女孩收到的礼物、派对上的活动等。

4. 分析并回答问题。孩子需要根据定位到的关键信息分析并回答问题。在这个案例中，孩子需要准确回答关于小女孩的礼物和派对活动的问题。

第 6 章

7 天 养 成

高效

写作业习惯

我在本书的前五章分享了很多提高写作业效率的方法，为了方便实践，在本章中我把这些方法汇总成了一个 7 天的习惯养成计划。

第一天
准备好工具并尝试番茄工作法

第一天不要给孩子安排太多的学习任务，主要让他做下面这两件事情：整理自己的学习环境，让自己的学习不要被乱七八糟的事情打扰；准备几个高效率的学习工具。

整理书桌，把那些与学习和写作业无关的东西清理掉，如书桌上的课外书、与学习无关的电子产品、零食或玩具等。选择一个远离电视和游戏机的房间，把学习桌放在靠近窗户的地方。

准备几个提高学习效率的工具，如四支四色记忆笔、一个错题五步本和一个康奈尔笔记本。

第一天孩子可以尝试采用番茄工作法完成几个简单的学习任务。

番茄工作法就像一个神奇的工具，帮助孩子将学习时间划分为一个个 25 分钟的"番茄时间"。每完成一个"番茄时间"，孩子就可以休息 5 分钟，感觉非常棒！首先，它能够提高孩子的专注力，只需集中精力 25 分钟就能高效完成任务；其次，规律的休息能有效预防疲劳，帮助孩子保持充沛的体力，不会感到特别疲惫。

下面我们复习一下番茄工作法的使用步骤。

1. 选择任务

想一想今天要完成什么事情，如写数学作业。

2. 设置计时器

拿出计时器或用手机设置 25 分钟，准备开始了！

3. 专注工作

计时开始了，认真完成数学作业吧！

4. 短暂休息

铃声响起就意味着完成了一个"番茄时间"！现在，孩子可以休息 5 分钟，去喝杯水，做几个小跳跃！

5. 重复循环

休息结束后，继续下一个 25 分钟的"番茄时间"。每完成 4 个"番茄时间"（也就是持续学习 100 分钟），就可以让孩子休息 15~30 分钟。

第二天
练习上课高效听讲和下课使用
待办事项清单

第二天孩子打起精神去学校上课，今天的核心任务是学会高效听课。他可以采取的方法是在每一节课前的课间，用几分钟的时间翻一翻马上要学的新知识。别小看这几分钟的预习，它能够让孩子上课时更加专注。

接下来孩子要开始使用康奈尔笔记法了。我们来回顾一下康奈尔笔记法的使用步骤。

首先，孩子需要一个专用的笔记本，并把它划分成主体区、辅助区（副栏区）和总结区三部分。

+ **主体区**：记录课堂或学习的主要内容。
+ **辅助区**：整理和提取核心要点，帮助孩子更好地理解和记忆。
+ **总结区**：归纳个人的学习体会和复习的重点，让孩子随时查阅。

主体区

上课时，别光顾着追求笔记漂亮，要追求效率！在主体区，记下老师讲的重要内容、课本里没有的信息、关键的定义或公式等。记住：笔记的核心是老师讲的关键点，记录下来方便课后复习。

辅助区

下课后，赶紧回顾主体区的笔记，然后在辅助区总结核心要点。这些要点可以是笔记内容的精简版、概述或总结。通过主动简化知识点，孩子会发现自己的提炼归纳能力也在飞速提升！

总结区

让孩子在总结区写下自己对本节课的学习体会，有没有疑惑点，有什么需要深入研究的内容，以及复习的关键点。建议记录与笔记相关的常考题型和易错点，这样在复习笔记时，就能高效复习知识点和题目！

在今晚写作业之前，先练习做一个 To-do List。

在写作业的过程中，To-do List 具有重要的意义，它可以帮助孩子以多种方式提高效率和效果。

1. 明确任务。通过列出需要完成的作业项，To-do List 能清晰地展示所有待办事项，避免遗漏重要任务。

2. 优先排序。帮助孩子确定要优先完成哪些作业，从而合理分配时间和精力，提高整体效率。

3.提高清晰度。将大型任务拆分为更小的可管理部分，使任务看起来不再那么令人生畏，并能逐步完成。

4.增强专注力。知道自己接下来要完成哪些任务，有助于减少分心，不断提醒自己目标所在。

5.成就感。每完成一项任务并将其从清单上画掉时，孩子会获得一种成就感，并激励自己继续向下一个目标努力。

6.时间管理。有助于孩子合理规划学习时间，平衡不同科目的作业。

拿出一个空白的本子，在上面写下今天晚上的 To-do List。当然孩子也可以使用我设计的黄金记忆时间计划本来记录（如图 6-1 所示）。

图 6-1　黄金记忆时间计划本图示

1. 16:00—16:15：准备和计划

   ▢ 回家后，稍作休息，吃个点心。

   ▢ 列出当晚需要完成的所有作业，并为每项任务设定优先级。

2. 16:15—16:45：数学练习（30分钟）

   ▢ 集中精力完成数学练习题。

3. 16:45—16:50：短暂休息（5分钟）

   ▢ 站起来活动一下，喝点水。

4. 16:50—17:20：语文阅读（30分钟）

   ▢ 阅读语文老师指定章节，并完成相关问题。

5. 17:20—17:25：短暂休息（5分钟）

   ▢ 放松一下眼睛，可以看看窗外。

6. 17:25—17:55：英语单词背诵（30分钟）

   ▢ 复习并背诵英语单词，写几遍以加深记忆。

7. 17:55—18:00：短暂休息（5 分钟）

☐ 做几个简单的伸展运动。

8. 18:00—18:45：科学实验报告（45 分钟）

☐ 完成科学实验报告，确保所有步骤和结论都记录清楚。

9. 18:45—19:00：等待吃晚餐

☐ 收拾书桌，等待吃晚餐。

第三天
练习先复习再写作业

　　第三天就要开始重点训练了，孩子在写作业时一定要提醒自己学会先复习再写作业。

　　那么，具体应该怎样做呢？

　　1.回顾课堂笔记。孩子放学回到家先别着急写作业，应先翻阅课堂笔记和课本，快速回顾当天所学的重点和难点。如果孩子发现有没理解的地方要赶紧问老师或同学，该背诵的知识点要赶紧背诵。这样做可以帮助孩子迅速进入学习状态，为接下来的复习和写作业做好准备。

　　2.梳理知识点。除了复习当天的知识点，我还建议孩子对当天所学的知识点进行梳理和归纳，形成清晰的知识脉络。这时他可以使用思维导图学习法。

　　3.针对性复习。开始写作业之后，如果孩子遇到了不会的题目，千万不要浪费太多时间去想，应该及时翻开课本，看看是不是自己对知识点理解得还不够。

4.整理错题。对自己完全不会做的题，孩子一定要在作业或练习册上做好标记，等第二天老师讲解时重点听讲。周末一定要完整复习一遍这周所有不会做的错题。

在第三天，孩子可以尝试使用思维导图笔记法和费曼学习法，让自己写作业前的复习过程更加有效。下面我们再复习一下如何使用思维导图笔记法和费曼学习法。

思维导图笔记法

思维导图笔记法是一种通过图形和文字相结合的方式，帮助人们厘清思路和记忆内容的方法。思维导图通常以一个中心主题为起点，将与其相关的内容以分支的形式展开，形成一个图形化的信息网络。这种方法能够直观地展示知识之间的联系，方便人们理解和回顾知识点。

具体步骤

步骤 1：选择一个主题

✦ 选择一个正在学习的数学主题，如"乘法"。

步骤 2：绘制中心主题

✦ 在一张白纸的中央写上"乘法"并画一个圆圈，把中心主题标出来。

步骤 3：添加主要分支

✦ 从中心主题向外画出几条线，每条线代表一个主要分支。
可以是：

  ☐ 乘法的定义

  ☐ 乘法口诀

  ☐ 乘法运算实例

  ☐ 乘法的应用

步骤 4：细化分支

✦ 在每个主要分支上继续细化。如在"乘法的定义"分支
下可以写：

  ☐ 什么是乘法

  ☐ 乘法的符号（×）

✦ 在"乘法口诀"分支下可以写：

  ☐ 1—9 乘法口诀

步骤 5：添加示例和颜色

✦ 在每个分支下添加具体的例子，如在"乘法运算实例"
下面可以写：

☐　$2 \times 3 = 6$

☐　$4 \times 5 = 20$

✦ 使用不同的颜色和小图标来区分不同的分支，目的是增加视觉效果。

费曼学习法就是通过讲给别人听来检验和巩固自己学到的知识。这种方法能帮助人们更深入地掌握知识点，并且记得更牢固。孩子可以在每天放学后用这个方法复习当天学到的知识！

具体怎么操作呢？我们一起来看看。

1. 选择主题

从今天学到的内容中挑一个主题，如一个知识点、一个公式或一个概念。孩子可以选择自己觉得有趣或有点难的部分来尝试。

2. 讲述内容

孩子用自己的话把这个主题讲给自己或家长听。孩子在讲的时候，尽量用简单明了的语言，好像自己在教一个小朋友，这样听起来也会觉得轻松有趣！

3. 检查理解

家长可以在孩子讲完后问他几个小问题，或者做一个简单的小测试。这样做可以检验孩子是不是真的理解和掌握了这部分知识。如果发现孩子有不懂的地方，家长可以及时进行纠正。如果孩子是讲给自己听的，也可以给自己提问题，检查自己是否真的理解了这个知识点。

4. 反馈与调整

根据讲述效果和测试结果，家长要给孩子一些反馈和建议。如果孩子讲得特别好，家长要给予夸奖，给孩子更多的信心。如果有不足的地方，家长也要帮孩子进行调整，找到更好的学习方法。

第四天
练习高效记忆方法

在前三天我们已经基本学会了高效听课和下课后的先复习再写作业，我相信孩子这几天肯定开始背诵知识点了，如英语单词和语文课文。今天我们就要开始尝试使用艾宾浩斯记忆法来提高孩子的记忆效率。

以下是使用艾宾浩斯记忆法背单词（或者语文课文）的具体步骤。

1. 制订学习计划。首先确定需要背诵的单词数量和内容，然后根据艾宾浩斯记忆周期制订复习计划。记忆周期是 5 分钟、30 分钟、12 小时、1 天、2 天、4 天、7 天和 15 天等。

2. 初始学习。开始学习新的单词，如一次学习 10 个新单词。花费一定时间进行学习和记忆，如使用 5 分钟时间。

3. 短期复习。在学习新单词后的 5 分钟和 30 分钟进行第一次和第二次复习。这有助于巩固刚刚学过的内容，加强记忆。

4. 长期复习。在接下来的 12 小时、1 天、2 天、4 天、7 天和 15 天等时间点，按照艾宾浩斯记忆周期进行复习。这样可以将短时记忆转化为长时记忆。

以下是一个基于背单词的艾宾浩斯记忆法实操案例。

1. 假设有 100 个新单词需要背诵，将这 100 个单词分为 10 组，每组 10 个单词。

2. 第一天早上开始学习第一组 10 个新单词，花费 5 分钟时间学习和记忆。然后在 5 分钟后进行第一次复习，30 分钟后进行第二次复习。

3. 中午或晚上选择一个合适的时间，将这 10 个单词再次复习一遍，确保长期记忆。

4. 第二天早上开始学习第二组 10 个新单词，重复上述步骤。然后在学习完第二组单词后，复习第一组单词。

5. 以此类推，每天学习新的单词组，并复习前几天学过的单词组。

6. 在复习周期的第 1 天、第 2 天、第 4 天、第 7 天和第 15 天，对已经学过的单词进行全面复习，以确保长期记忆效果。

第五天
练习专注力提升

来到第五天了，我们可以适当玩几个小游戏来提升专注力。

舒尔特方格

舒尔特方格是一种帮助人们提高注意力和视读能力的小工具，非常适合小学生使用。它是一种方形网格游戏，通常由 5×5 的方格组成，每个方格中放置一个数字，数字是随机排列的，如从 1 到 25。

如何使用舒尔特方格

1. 目标

你的任务是尽可能快地从小到大找到这些数字。如从 1 开始找到 2，然后 3，一直到 25。

2. 方法

✦ 准备一张舒尔特方格，你既可以在网上找到模板，也可以自己画一张。

✦ 把舒尔特方格放在面前，开始寻找数字 1，然后按顺序找后面的数字。

✦ 记录完成这项任务所用的时间，然后尝试在下次挑战时打破自己的纪录。

3. 益处

✦ 提高注意力：需要你全神贯注地寻找数字，并且快速切换视线。

✦ 发展视读能力：增强你在阅读时快速识别信息的能力。

✦ 训练反应速度：提高你的视线移动速度和信息处理速度。

💡 小贴士

✦ 开始时，你发现从 1 找到 25 可能有点难，但坚持练习就会让你做得越来越快！

✦ 你也可以试试不同大小的舒尔特方格。更大的舒尔特方格对挑战自己很有帮助。

✦ 可以和小伙伴比赛，看谁先全部找完！

写数字训练

很多时候孩子做数学题计算马虎，就是因为对数字的专注力不够。专注力是可以通过写数字训练来提升的，今天我们来复习一下如何进行写数字训练。

1. 准备材料

✦ 练习本。选择一本有格子的练习本，利于保持字迹整齐。

✦ 笔。使用一支孩子喜欢并握着舒服的笔。

✦ 计时器。可以用手机上的计时功能来记录时间。

2. 选择环境

✦ 找一个安静、不容易被打扰的地方进行练习，以便更好地集中注意力。

3. 书写规则

✦ 从数字 0 开始，依次往下写，如 0、1、2、3…尽量保持书写的清晰和工整。

4. 设定目标

✦ 初始目标可以设置为写到 50 或 100，根据自己的进度慢慢增加目标数字。

5.时间管理

+ 可以设定一个时间限制，如 5 分钟或 10 分钟，看看在这个时间内孩子能写多少数字，或者记录完成目标需要花多长时间。

6.自我检查

+ 训练后，仔细检查自己写的数字，看看有没有错误或需要改进的地方。

7.持续练习

+ 尝试每天练习 1 到 2 次，每次 5 到 10 分钟。随着时间的推移，孩子的数字书写会变得越来越好，专注力也会提高。

第六天
练习整理错题

到了周末，家长可以让孩子安排时间整理这一周做过的错题。每个周末，周六不写作业而是用来整理和思考错题也是我当年一直保持的习惯。

巧用错题集是提升学习效率的绝佳策略。它不仅可以帮助孩子记录并修正知识掌握过程中的偏差，还能在复习阶段成为孩子的关键参考资料。以下是一些具体建议，教会孩子如何使用错题集来提高学习效率。

1. 及时整理错题

在完成练习或测试后，立即将错题归纳到专用的错题本内。这样可以让孩子及时反思并更正错误，防止以后再犯同样的错误。刚开始使用错题本时，孩子可以利用周末的时间集中整理错题。等学习效率提升后，就可以在每天放学后留出时间整理当天所有学科中不会做的题目。

2. 详细分析失误原因

整理错题时，不仅要标注正确答案，还要详细分析失误原因。这样做可以让孩子找到自己的学习盲点，进而制定精准的改进策略。分析错误原因时一定要具体，不要写"马虎了"或"审题失误"这种笼统的原因。如果是马虎了，就要写清楚具体在哪个步骤马虎了；如果是审题失误了，就要写清楚审错了哪个关键词。除此之外，孩子还要写上如何在下次避免犯同样的错误，这样才更有指导意义。

3. 周期性回顾错题

设定固定频率重做错题集内的习题，确保彻底掌握之前出错的知识点。在重做时，先尝试自主解答这些错题，再将答案与标准解法进行比对。建议按照艾宾浩斯记忆法的规则，隔天、隔周、隔月不看答案重新做三遍同一道错题。很多人复习错题时容易出现眼高手低的问题，看着题目和答案以为自己会做了，但实际考试时又会做错。所以复习错题时，一定要把答案折叠过去，不看答案重新做一遍。

4. 系统化整理错题

为了提升查找和复习错题的效率，建议孩子根据学科、知识点差异或错误类型系统化整理错题本。这样可以让孩子全面掌握各知识点，提升解题技能。使用活页本是个好主意，这样在考试前孩子就可以把同一个知识点、同一类型的题目集中起来复习，效率会更高。

第七天
练习整理答题模板和大纲写作法

最后一天我们要开始升级训练了。做了一周的作业，孩子应主动整理作业题目中的答题模板。如果老师布置了写作任务，孩子就可以尝试使用大纲写作法。

孩子在完成语文阅读题时就可以按照这种格式来总结答题模板。

某句话在文中的作用

1. 文首。开篇点题；渲染气氛（散文），埋下伏笔（记叙类文章），设置悬念（小说），为下文作铺垫；总领下文。

2. 文中。承上启下、总领下文、总结上文。

3. 文末。点明中心（散文）；深化主题（记叙类文章）；照应开头（议论文、记叙类文章、小说）。

修辞手法的作用

1. 比喻、拟人：生动形象

答题格式：生动形象地写出了＋对象＋特性。

2. 排比：有气势、加强语气、一气呵成等

答题格式：强调了＋对象＋特性。

3. 设问：引起读者注意和思考

答题格式：引起读者对＋对象＋特性的注意和思考。

反问：强调，加强语气等。

4. 对比：强调了……突出了……

5. 反复：强调了……加强语气。

句子含义的解答

在这样的题目中，句子里往往有一个词语或短语用了比喻、对比、借代、象征等表现方法。答题时，把它们所指的对象揭示出来再疏通句子就可以了。

在写作文作业时，孩子一定要尝试使用大纲写作法。

大纲写作法

步骤 1：选择一个题目

✦ 找一个你感兴趣的题目，如"我的梦想"。

步骤 2：头脑风暴

✦ 和同学或家长一起头脑风暴，讨论关于这个题目他们可以写什么。有时可以列一个小清单。

☐ 教师

☐ 科学家

☐ 宇航员

☐ 医生

步骤 3：列出大纲的基本结构

✦ 列出大纲的基本结构，包括标题、开头、中间段落和结尾。

步骤 4：详细补充

✦ 在每一部分下面详细补充要写的内容。

实际例子：题目"我的梦想"

1. 标题

☐ 我的梦想

2. 开头

☐ 引言：简单介绍梦想的重要性。

　　□ 我的梦想是什么：我想成为一名医生。

3. 主体段落

a.　第一段

　　□ 为什么我想成为一名医生

　　□ 受到的影响（如父母或看到的故事）

b.　第二段

　　□ 成为医生需要做什么

　　□ 需要学习哪些科目

　　□ 如何进行训练（如进入医学院）

c.　第三段

　　□ 当医生的好处

　　□ 能够帮助别人

　　□ 对社会的贡献

4. 结尾

　　□ 总结梦想：再次强调成为医生是我的梦想。

　　□ 鼓励自己：未来要努力实现这个梦想。